YouTuber キリン

この世の闇大全

闇が深すぎる事件の真相

閲覧注意の考察編

扶桑社

まぇがき

この世界は、論理的に説明のつかない闇の深い事柄に溢れています。
それは実在の凄惨な事件だったり、昔から語り継がれる逸話や怖い噂だったり、インターネット上に残された誰が残したかもわからない書き込みだったり。もしその真相に辿り着いてしまったら、もう後には引き返せなくなることもあるでしょう。本当は闇の深淵を覗こうとする行為は絶対にやってはいけないのかもしれません。

ということで、くんにちは！　まえがきの冒頭は読者に投げかける感じで意味深っぽいこと言うといいよってネット記事に書いてあったからとりあえず言われた通りやってみた【思考停止系考察系YouTuber】キリンです〜〜〜〜〜！！！！

はい、ということで本書では、冒頭でお伝えしたようなこの世の中のありとあらゆるジャンルの闇をわかりやすく簡潔に、かつ濃い内容でまとめています。さらに闇の解説の後には、日本初の元祖考察系YouTuber（笑）である僕が、謎が深すぎる闇に対して真っ向から徹底考察に挑むという構成となっています。

「普段の動画では一切、考察しないくせに急にどうした？」と思ったキリン視聴者も

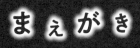

いらっしゃるとは思いますが、まったくもってそのとおりです。

それなのになぜ【考察系YouTuber】を名乗っているのかというと、そんなに深くない理由があるので、詳しくは本書のコラムを読んでみてください。

とにもかくにも、僕が考察している様子をこれだけたっぷり読めるのは本書だけです!


さて、今回ご紹介していく闇の話は多岐にわたっています。

- ●最後まで誰にも発見されなかった大量殺人
- ●目撃情報は数多くあるものの誰もその正体を知らない超スピードで移動する男
- ●日本のどこかにあるとされる、〝何か〟が収容されている謎の施設
- ●発見された大量の遺と宙に浮かんでは変形する墓石の謎
- ●一瞬にして全住民が忽然と姿を消した街
- ●パーカを着て街に溶け込む最新のUMA
- ●ほぼすべての部屋で幽霊が大量発生する心霊団地
- ●スーパーに現れ、何の罪もない男を冤罪と死に追い込んだ仮面の顔をした女

など他にも恐ろしいけれども興味を惹かれずにはいられないネタの数々をご用意しています。

考察の内容については、闇の事件や事象についての補足情報や推理をふんだんに盛り込みながらも、時にはおふざけを入れつつ思いもよらない方向に話が脱線していったりもするので、ガチガチの考察本というよりは、ざっくばらんとした内容となっています。

僕はあくまで何かの専門家というわけではないので、素人目線の考察と思っていただければ幸いですが、もしかするとそんな考察の中には、恐ろしすぎる闇の真相に辿り着いてしまっているものもあるかもしれません……。

また、1作目の書籍『あなたの知らないこの世の闇大全』では、主に僕が過去にYouTubeに投稿した動画の中からネタを選んでいたのに対し、2作目となる本書では、95%が動画にしていない新規ネタ、またはさまざまな理由により動画にできなかった禁忌ネタで構成されているので、普段僕の動画を見てくださっている方々にも間違いなく楽しんでもらえる内容となっているかと思います。

さらにコラムでは、前作に引き続きYouTubeやその他SNSでは一切語ることのなかった、僕の仮面の下の本当の姿を「キリン10の秘密」として赤裸々に語っています。

僕が自分のプライベートな部分を語るのはできるだけ書籍のみにとどめたいと考えて

いるので、僕自身に興味を持ってくれている方はより深く僕のことを知ってもらえるはずです。また、前作のコラムでは僕の半生、つまり過去について語っているのですが、本作では特に現在の僕について掘り下げているのも特徴的な点となっています。

少し話は変わりますが、前作の書籍から約1年の間に僕の活動の幅も少しずつ広がってきています。具体的には新しいチャンネルをプロデュースしたり、アパレルブランドを立ち上げたり、ニコニコ超会議に出演したりと、自分のチャンネルの枠を超えてこの1年間でいろいろなチャレンジができました。その中にはうまくいったものもあれば、これからのものもありますが、そんな中でもキリンチャンネルの動画は、何とか週6程度のペースで投稿し続けることができました。今後も自分のチャンネルの投稿ペースはできるだけ崩さずに、新しいチャレンジをやっていければと思っています。

では、そろそろみなさんを闇と考察の世界にいざなっていきたいと、思います～～！

ではいく～～～～!!!!

2021年10月　キリン著

目次

第2章 影の世界の住人たち

第3章 世を惑わす悪の魂

第4章 未だ謎解けぬ事件

第1章 意味深な話と世界の謎

01

入れ替わった冷蔵庫の中身と、バラバラ死体の行方

S君が中学生の頃に体験した、ある冬の夜の話。

S君は部活が長引き、夜7時過ぎにいわゆる「いじられキャラ」の友人らと一緒に帰路についていた。

すると、通りがかりのゴミ捨て場に、紺色の冷蔵庫が捨ててあるのが目に入った。中に何が入っているのか気になったので、いじられキャラに開けさせようとしたが嫌がったため、誰が開けるかじゃんけんをしたところ、S君が負けて冷蔵庫を開けることになった。

おそるおそるドアを開けて中をのぞいてみると……何とそこにはバラバラにされた死体が入っていた！

しかし大事になるのを避けたかったS君は、友人には「何にも入ってなかったわ～」と告げ、そのまま夜道を歩いて帰宅した。

翌朝。S君の母親が「今日の夕飯はあなたの好きな鶏の手羽先にするからね」と教えてくれたので、S君は楽しみな気持ちを抱えながら登校した。

しかし冷蔵庫が気になっていたS君は、昨日の友人を誘ってゴミ捨て場に向かった。そして、思い切って冷蔵庫のドアを開けると、なぜか死体ではなく鶏の手羽が入っているだけだった。

ただの見間違いかと、S君は内心ホッとした。その日の夕飯を見るまでは……。

キリンの考察

皆さん、この話の意味、わかりましたか？　要するに、捨ててあった冷蔵庫の中身（バラバラ死体）と、それを目撃したS君宅の冷蔵庫の中身（鶏手羽）が、なぜか入れ替わってしまい、食卓にバラバラ死体の一部が「手羽先」として出された、というわけです。その理由は、S君がバラバラ死体を見つけたことを知った殺人犯が冷蔵庫の中身をすり替えたのか、あるいはS君の母親自体が狂気の殺人鬼なのか、というあたりでしょうね。でも前者だと、かなり巧妙に処理されていないと人間だってわかっちゃうので、後者かもしれません……とここまでがこの話を考えた人の思惑どおりの考察なのでしょうが、僕は違うと思います！

その日、犯人が近所のスーパーで鶏の「手羽先」を買い占めたのでS君の**お母さんは手羽先を入手できず、苦肉の策として「手羽元」を買うことにしました。しかしS君的には、朝からメニューを告知されていたので**、既に「手羽先の気分」になっていたのです。にもかかわらず夕食は手羽元だったので、お母さんはS君にブチ切れられて怖かったよ～、という「意味怖話」なのではないでしょうか。たぶん違うけど。

ちなみにバラバラ殺人の犯人は「いじられキャラ」の子で間違いないでしょう。**いつもいじられているストレスで、思わず殺ってしまったんだと思います。**

02 あの世から届いた、死者からのメール

2011年11月。ティム・ハートという男性のもとに、同年6月に他界したはずの親友ジャック・フローズからEメールが届いた。

「私は見ている」という件名で送られてきたメールの内容は「今、お前の家にいる。このクソ汚い屋根裏部屋を掃除しろよ！」というものだった。これはイタズラではなく、本物だ——ティムは確信した。なぜなら家の屋根裏部屋は実際に散らかっているだけでなく、これまでジャック以外の人間が踏み入ったことがなかったからだ。しかもジャックが病死する直前まで、2人は屋根裏部屋をいかに有効活用すべきかについてよく話し合っていた。さらにジャックの遺族に、ティムのメールアドレスを知る者はいなかった。

日本でも同様の話がある。沙羅という女子高生が、寂しさから出会い系にハマり、自分の裸の写真などを相手に送っていたのだが、誤ってクラスメートに送信し広まってしまったことからいじめられ、自殺した。以降、いじめっ子に沙羅からメールが届き続けている……というものだ。

メールには、エロい格好をして微笑む沙羅の画像が添付されており、着信拒否にするとなぜか次から次へとメールが届くらしい。そんなある日、学校である女の子が「ぎゃあー」と悲鳴を上げ、携帯を落として号泣している。画面では、手首のない沙羅が裸で血まみれになって笑っていた。沙羅は、風呂場で手首を切り、出血多量で死んだのである。

キリンの考察

怖いかどうかは ジャックの死因による

死者から何らかの知らせやメッセージが送られてくるといった話は、世界中に存在しています。

僕は、そのほとんどが錯覚や思い込み、戻ってきてほしいという願望から作り出された幻影なのではないかと思っていますが、必ずしもそうとは限らない事例というのもあるようです。

まずジャックから親友ティムに届いたメールの件ですが、2011年という年代を考えると、亡くなる前に送信予約をしておくことも可能ですよね。ジャックの死因は「病死」なので漠然と死期を悟り、自分が他界した後も親友ティムが悲しまないように、または楽しませるために、あるいはティム宅の屋根裏部屋が汚すぎて腹が立っていたために、もしくは屋根裏部屋を片付けられなかったことが心残りだったために、送信予約という手段を考えついたのかもしれません。

もし本当にこれが霊界から送信されたメールだとしたら、おそらくティムを心配に思う気持ちで送ってきたと思うんですけど、そうなってくると、このジャックの文面は非常に男同士らしいというか、文面で直接気持ちを伝えるのではなくて、こうした雑なやりとりでも本人同士はしっかりわかり合っていることを感じさせる、とてもいいメールだなと思います。

ただしこれは、本当にジャックが「病死」であるならば、の話です。もしも「事故死」などで突然この世を去ってしまっていたら、送信予約はできませんからね。

仮にジャックが本当は事故死して

いて、ティムによって病死であることにされているならば、死後に届いたメールは送信予約なんて絶対できませんから、100％霊界から送られてきたメールだと言えます。

ではなぜ送られてきたのか？　もしかしたらティムがジャックのことを、事故に見せかけてBANしたということは考えられないでしょうか？　だからあえて、二人しか知り得ない内容を送信し、ティムを震え上がらせたのかもしれません。つまりこの場合、怨念メールということになりますから、全然ハートフルじゃないことになりますね。

なので、ジャックが病死だったことは信じることにします！

クラスメートが復讐のために代理送信していたのでは？

さて、もう一つの死者からのメールですが……こちらはダイレクトに怨念が伝わってくる話ですよね。

この通称「沙羅メール」という話は、以前からある都市伝説ですが、ネタの大本が「実話」であることは間違いないようです。そしてやがて尾ひれがつき、都市伝説化していくとともに、さまざまなディテールやエンディングのパターンが生まれています。

今回紹介されているのは、その中でも元ネタに近いオーソドックスなお話なのですが、だとしたら本当に恐ろしい限りです！

しかし僕は、このお話の登場人物がみんな高校生であるというところに引っかかりを感じてしまいます。

高校生って、ゲームやスマホに関して技術の習得や情報の収集がものすごくスピーディーですよね。世界の有名なハッカーの中にも10代の少年少女がたくさんいるくらいですから、こうした不気味なメールの「ねつ造」はいくらでもできるような気がしてしまいます。

例えば、希望する日時に相手へメールを送るサービスもあるし、アドレスを詐称できる迷惑メールというのも存在するし、送信するメールの「Ｆｒｏｍ」欄にアドレスを自由に入れられるソフトなんかも販売されています。

その視点から考察すると、沙羅が通っていた高校のクラスメートの中に、実は沙羅を好きだった人物がいて、復讐として不気味なメールを送っていたのではないか……という可能性が浮上してくるような気がしています。

そしてもう一つの可能性は……沙羅の両親がこれらの技術を独学したか、あるいは沙羅の密かな味方だった人物に教えてもらい、復讐としてメールを送っていたということ。

みなさん、怖い目に遭いたくなければいじめはやめましょう。

◎ジャックの死因によってメールの意味合いが大きく変わる
◎「沙羅メール」は沙羅の両親か、沙羅好きだったクラスメートの仕業

03

当たれば死や病気をもたらす、「妖精の一撃」

イギリスには、今なおケルトの妖精伝説が残っている。そこに登場する妖精たちは弓矢を持っているのだが、その矢尻はフリント（発火石）で作られているそうだ。そして時に妖精たちは、人間や動物に対して矢を射たり、矢尻そのものを投げつけたりするのだという。

このような妖精の行為は「エルフ・ショット」（妖精の一撃）と呼ばれているが、矢尻に当たるとその場で死んでしまうか、重い病気になってしまうというのだ。

矢尻の存在を裏づける話として、スコットランドの魔女がある時、妖精が棲む丘で少年の妖精に出会う。少年は悪魔の指示で矢の手入れをした後に空を飛び、人間や動物たち目がけて矢尻を弾き飛ばしていたそうだ。しかし少年妖精の射撃は驚くほどヘタクソで、ほとんどが的を外れていたという。

人間や動物の突然死や、未知のウイルスの蔓延。これらはもしかすると、射的が上手な妖精たちの仕業なのかもしれない。実際、ヨーロッパには「突然死んでしまった牛の傍らに妖精の矢尻が落ちていた」「病気になった家畜の体から妖精の矢尻が発見された」といった民話が、各時代に共通して伝えられている。

キリンの考察

関係ない場所からも矢尻が出土している謎

実際、妖精が弓矢を射る現場を目撃した人など、ほとんどいないのではないでしょうか。にもかかわらず、「エルフ・ショット」のせいだと考えることにしたのは、きっとその解釈のほうが誰も傷つかないだろうと考えたのかもしれません。

少し不可解なのは、人間や動物が襲われた形跡のない場所からも妖精の矢尻が発見されたという話が少なくないことです。これはおそらく、スコットランドの魔女が目撃した「おそろしく射的がヘタクソな少年妖精」が的を外しまくったことで、あちこちに矢尻が飛んでいった結果なのかもしれません。

日本ではかつて、流行り病や天災など人知を超えた脅威を「祟《たた》り」と呼んでいました。「エルフ・ショット」という言葉も、西洋で「祟り」のような意味合いで使われていたのかもしれませんね。

人間は、ワケのわからない事柄に遭遇したとき、理由をこじつけないとやっていられない生き物。逆に言えば、科学がすべてを解明したときにオカルトは終焉を迎えるでしょう。

それにしても「魔女」が一般人の証言者として登場しているのが怪しすぎるので、妖精に矢を放つよう指示しているのは実は魔女だったりして……。

04

宇宙語をしゃべる女「ドロドロリー」

某雑誌取材班がある著名なＵＦＯ研究家に「宇宙語をしゃべる女性」を紹介されたという実話。

その女性、Ｋさんは某大企業の社長令嬢として育ち、現在は欧米を起点とした高級家具販売の会社ＣＥＯを務めているといった、長い黒髪と切れ長の目が印象的なクールビューティだが、４つの惑星とコンタクトを取りながら世界救済活動を行っているという。Ｋさんは宇宙人とのその始まりをこのように語る。

「ある日、寝ている私のもとに金色の光が差し込んできて、体が宙に浮いたと思ったら、その光の中からまったく異なる４つの声が聞こえてきたのです」

４つの声はそれぞれ、まったく聞き覚えのない言語で話していたという。以来、不意をつくように光が差し込み、言語が聞こえるようになった。最初はちんぷんかんぷんだったが、そのうち各言語の意味がわかるようになってきたという。

Ｋさんによるとメッセージは、これから地球に起こること、どの星と国が結託して地球を滅ぼそうとしているか、それをどうすれば阻止できるのか、どの星の宇宙人が味方なのか、といったことに集約されており、地球上で最悪の国はロシアで、プーチン氏は地球を滅ぼそうとしているサタン（土星）系宇宙人の言いなりになっているのだそうだ。

ひたすらに「ドロドロリー」と繰り返す女性の〝宇宙語〟

この事実を一人でも多くの人に伝えなければと、今回日本に帰国して取材を受ける気になったというＫさんは、４つの星の宇宙人から事前に「取材班の目の前で我々の意識を体

内に呼び込み、その星の言語をしゃべってから地球の言葉に変換してメッセージを送るように」と指示されているのだという。

そこで取材班はさっそく、「なぜサタン系の宇宙人がこの小さな地球という星を滅ぼそうとするのか」と質問してみた。Kさんが目を閉じて意識を集中し始めてから1～2分後。彼女は突然白目をむき、意味不明の言語を非常に高いトーンの声で早口にしゃべり始めた。何を言っているのかはわからなかったが、言語の語尾に「ドロドロリー」というような言葉が聞こえた気がした。

答えは「地球が非常に重要な星だから」というものだった。では地球はやがて、他の惑星の生物よって占領されてしまうのだろうか？　再びKさんは集中モードとなり、今度は非常に低いトーンの声でゆっくり何かをしゃべりだしたが、語尾は「ドロドロリー」と聞こえた。

答えは「地球人を根こそぎ滅ぼして支配する動きが始まっている」。

では地球人そのものに興味はないのかと尋ねると、Kさんは地声の普通テンポで宇宙語をしゃべり始めたが、語尾に間違いなく「ドロドロリー」という単語が聞こえ、4つ目の言語も途中で「ドロドロリー」が挟み込まれていた。

異なる言語でもなく、メッセージも耳タコな内容。取材班は、ただ笑いをこらえるばかりだったという。

キリンの考察

宇宙人同士の内ゲバはやめて仲良くしてください

かつて日本には、地球外生命体についての専門家などほとんど存在しておらず、「UFOや宇宙人と言えば矢追純一さん！」みたいな感じになっていました。ところがここ10数年の間に、まるで雨後の筍のように「UFOと遭遇したことがある」「UFOの撮影に成功した」と公言する人が急増、やれ「UFOにさらわれた」「宇宙人と遭遇した」、最近では各メディアに「UFOを自在に呼べる」「宇宙人とコンタクトできる」とカミングアウトする人が登場し、YouTubeにもその手の動画がたくさんアップされるようになりました。

しかも内容がどんどん具体的になってきて、Kさんのように「私はシリウス系よ」という人もいれば「自分はプレアデス系です」という人、「あたくしはクラリオン星人ざます」という人もいれば「おらはサモンコール星人でごわす」という人もいて、ちょっと意味がよくわかりません。

しかも何系の宇宙人は優秀だけれどあの星の宇宙人は邪悪だとか、この星とあの星は仲が悪いとか、真剣に喧嘩をしているようなのですが、そういう人々には**「ここは地球だしあなたはどう見ても地球人ですよ」と言いたくなる衝動にかられます。**

でも僕は、このKさんのお話は真実だと直感的に思いました。

宇宙の専門家によると、この太陽系の中で酸素や水、緑が豊富で生物が生息する条件が整っている星は、他にはあまりないそうです。そう考えると、恵まれない星の人たちが「地球に引っ越したいな」と思うのは当然の流れのような気がします。

しかも地球には、天才からメンヘラまでバラエティに富んだ「人間」という興味深い生物も生息していますから、サタン系宇宙人の方々はぜひとも人類を滅亡させないまま支配に踏み切っていただきたいものです。

さてここで、ある重大な告白をしなければなりません。

実は僕も、地球外生命体とコンタクトを取っているのですが、頭に2本の触角があることからもわかる通り、僕は「ナメッ○系」です。

いまこの文章を執筆していたら、**ナメッ○系宇宙人から「プーチン系には気をつけろ」という言葉が伝わってきました。**でもこの伝言が送られてくるのは日常茶飯事ですし、Kさんがコンタクトを取っているシリウス系の人たちも「プーチンはあんまり良くない」と言っているみたいなので、みなさんにも気をつけてほしいです。

◎ 自称宇宙人が急増、さらに派閥争いが起きている今日この頃

◎ ナメッ○系宇宙人的にはプーチンはあまり良くないらしい

そしてこの本を読んでしまったみなさんは、既にナメッ○系の影響を受けていることになります。

でもそれによって、今後の人生もわりと何とかなるかなと思いますので、何卒よろしくお願いいたします

ドロドロリー。

05

突如、いずこかへ消えてしまった灯台守

1900年12月7日、スコットランド領フラナン諸島にある灯台に、灯台守として2週間のスケジュールをこなすべく3人の男たちが派遣された。

ここの灯台は本土との間に通信手段がなく、完全に孤立した状態。時には濃い霧によって大幅に視界が遮られることもある場所だった。

クリスマスの翌日、補給物資を積んだ「ヘスペラス号」が、予定より少し遅れて島に到着。乗組員の一人であるジョセフ・ムーアが島に降り立ち、灯台の中に入ってみると、人の気配が完全に消えていることに気づく。火やランプなどは数日間使われていない様子で、奇妙なことにすべての時計の針が止まっている……。

テーブルの上には食事が用意されていたものの、ほぼ手付かずのまま。そして、3人が着ていたコートのうち、なぜか1着だけが残されていた。彼らはどちらかと言えば経験豊かなスタッフ。コートなしで外に出ることの危険性は熟知していたはずなのだ。さらに言えば、灯台に控えのスタッフを一人も残さず、全員で外に出ること自体が規則に反している。

遺された日誌の奇妙な記述 すべて事実とは違っていた

唯一の手がかりは、発見された1冊の日誌のみ。スタッフの一人トーマス・マーシャルによって書かれていた。

◉12月12日

経験したことのない嵐が灯台を直撃した。ジェイムズ・デュカットはイライラしている。霧笛を鳴らしながら船が通過していく。午後

になり、デュカットは落ち着いてきた。ドナルド・マッカーサーはずっと泣いていた。

◉12月13日

まだ嵐は続いている。とにかく祈るしかない。

◉12月14日

※記述なし

◉12月15日

嵐はやみ、波もおさまった。神は我々を見捨てなかった。

ここで日誌は終わっているのだが、やや不自然な点があるとされている。

「デュカット」や「マッカーサー」というのは、灯台守のメンバーの名前だが、緊急時とはいえ個人の感情面についてわざわざ日誌に記述することは通常あり得ない。さらに、3人をよく知る人物によれば、彼らは「祈る」などという言葉を使うような性格ではないとのこと。

そして最も不可解なのが、この日誌が記録されている期間、このあたりを嵐が通過したという報告はまったくない、ということだ。

ではなぜ、日誌に嵐に関する記述があるのか。嵐が来ていたとしても、日誌によれば「ヘスペラス号」が到着する10日も前にやんでいたはずだ。多くの謎を残したまま、この怪事件の真実が明らかになることはなかった。

キリンの考察

波に攫《さら》われた、悪魔の仕業……諸説ある中で真相はどれ？

これはかなり事件のにおいがしますね。やはり異常な日誌の内容が、コトの重大さをにおわせている気がします。しかしこの話の顛末については、諸説あるようです。

実はこの3人が忽然と姿を消してしまった際、灯台に常備していた道具箱も一緒になくなっていたことから、嵐が来ているにもかかわらず屋外で作業をしていたために3人とも大波にさらわれてしまったのでないか、という事故説が一つ。彼らは12月7日から21日までの2週間、この島に滞在予定だったのですが、日誌が記録されていた期間に嵐が来なかったとしても、その後に嵐に巻き込まれた可能性は十分に考えられます。

もう一つは、さまざまな怪奇現象説。悪霊がギュウギュウに乗ったボートが漂着したために呪い殺されたとか、大海蛇か巨大海鳥が突如出現して連れ去ったとか、某国のスパイに拉致されたとか……。なぜこんな説が次々と出てきたのかといえば、失踪した3人の遺体が1体も発見されなかったからだといわれています。

また本土から完全に孤立していて、島全体に濃い霧が立ち込めているという風景を想像すると、いかにも心霊スポットっぽい場所でもありますよね。またこの島にはかねてから、侵入者を歓迎しない「妖精」が棲んでいるという噂もあるそうなの

で、**妖精の仕業かもしれません。**そこから一歩進んで「妖怪ウォッチ」的に考察すると、妖怪の仕業とも考えられなくもありません。

それにしても気になるのが、日誌の内容です。こうした期間限定の業務の場合は、仕事に関する記述だけしていけばよいはずなのですが、12月12日から15日の4日間の内容だけ、個人感情の動きなどについて触れているというのは、かなり違和感がありますよね。**そもそも、日誌を書いたのは本当にトーマス・マーシャルなのでしょうか……。**

しかも話によると、嵐の夜に泣いていたというマッカーサーは、「嵐が怖いよぉ〜」とか言って泣いたり、祈りを捧げるような感傷的で信心深い人物じゃないらしいので、3人のことをよく知らない第三者が偽造した可能性も考えられます。あるいは妖精か妖怪か幽霊によって精神汚染を受けてしまい、**情緒が不安定になっていたのかもしれません。**

ということで、100年以上経過した現在でもさまざまな噂が飛び交っている謎の失踪劇ではありますが、考察の結論としては**「3人で灯台守をした思い出に、みんなで一緒に高いところから飛び込もうぜ！と盛り上がって飛び込んだら、そのまま死んでしまった**」としておきましょう。

- **日誌は第三者による後付けの可能性あり**
- **単にテンションが上がってしまい、3人で灯台から飛び降りたのでは？**

06

発見前の南極を正確に描いていた「ピリ・レイス」の地図

1929年に、イスタンブールのトプカプ宮殿博物館で、驚異的な古地図が発見された。それが、オスマン・トルコのピリ・イブン・ハジ・メムドという提督が、紀元前4世紀前後に存在した複数の古地図をもとに製作されたといわれている「ピリ・レイスの地図」である。

この古地図はなぜ驚異的といわれたのか？ それは、人類が南極大陸を発見したのが1820年頃であるのに対し、1513年に製作されたこの地図には、氷に覆われる以前の南極大陸の海岸線が描かれていたという点にある。

ピリ・レイスは、紀元前4世紀のアレクサンドロス大王の時代から伝わるものを含んだ33枚の地図を参考にしてこの地図を製作したといわれている。うち8枚はイスラム世界の地理学者のもの、4枚はポルトガルの航海者が作成したもの、1枚はコロンブスの新大陸地図で、残りの20枚は不明である。地図本体はガゼルの羊皮紙で作られたものだが右側が消失しており、全体の約30％程度しか残っていないそうだ。

南極大陸の海岸線は、1949年にスウェーデンとイギリス合同で氷原の上から行われた地震波測定の結果、判明したが、ピリ・レイスの地図にはそれが詳細に描かれており、調査結果と驚くほど一致していた。しかもこの海岸線は、6000年前頃から氷に覆われ始めたとされているが、それが事実ならピリ・レイスがもとにした地図は、6000年以上前に製作されていたことになる。

また、南米大陸と南極大陸が繋がっているようにも見えるため、この時代に地殻変動が起きたことも考えられるのである。

キリンの考察

ピリ・レイスのもとの地図を作ったのは誰？

これは壮大なロマンを感じる話ですね。

南極がまだ氷に覆われていなかった時代に地図を作る技術があったのでしょうか。もしあったとしても、そのほとんどがピリ提督のところに集まってきたと考えられなくもありませんが、それもかなり奇跡的な確率になりますよね。

南極というのは、もともと複数の大陸が一体となった超大陸「ゴンドワナ大陸」の一部だったといわれています。それが時間とともに分断され、南極還流によって暖流が流れ込まなくなったため、氷に覆われたと考えられているそうです。

ピリ提督は、南極が氷に覆われる前の地図をかなり正確に作っていたわけですが、ではこの「ピリ・レイスの地図」のもとになる地図って、6000年以上も前に一体誰が作ったのでしょう？　僕はむしろ、そっちのほうが気になってしまうのですが、同じような疑問を持っている研究者も少なくないようです。

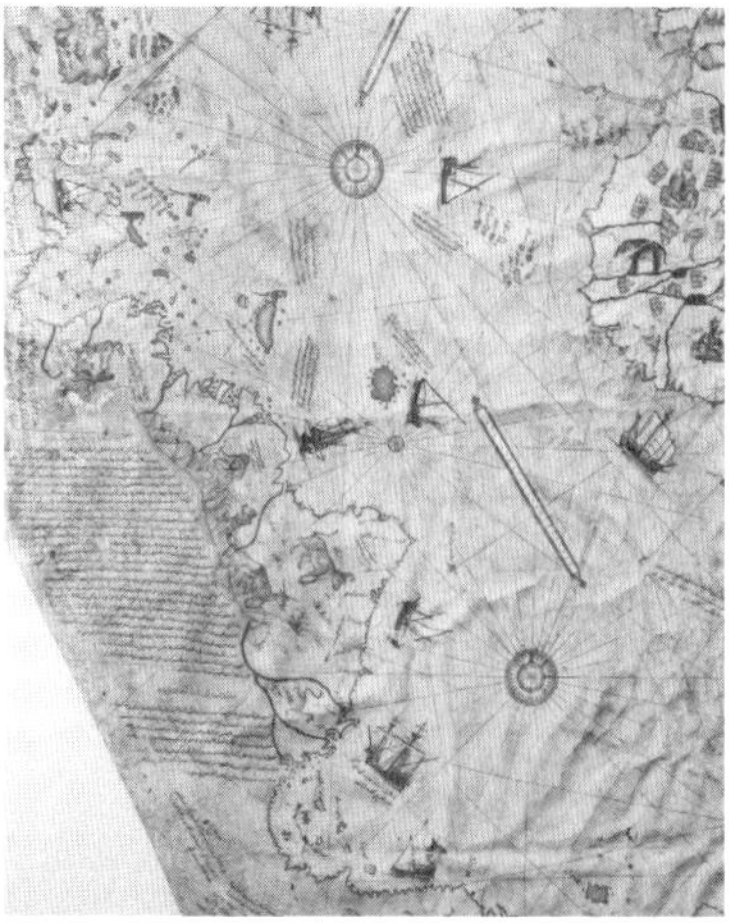

ピリ・レイスの地図。現在トルコ・イスタンブールのトプカプ宮殿に保管され、一般公開されていない

そのせいか、都市伝説界隈では「ピリ・レイスの地図はオーパーツかもしれない」といった見方や考察が飛び交っています。

主な理由としては、当時はその作

成方法が確立されていなかったと考えられている「正距方位図法」という技術を用いて地図が描かれているからだそうです。

この正距方位図法とは地図投影のひとつで、地図の中心からすべての方向に対して直線の距離が縮尺どおり、正しく表される「正距」で方位が正しく表示される図法のこと。20世紀半ばまでは「北極」または「南極」を地図の中心とした図法が標準的に用いられていましたが、現在では異なる方位図法がよく使われているとのことです。

しかし現代では、ピリ・レイスの地図が正距方位図法で作成されたように見えるのは、当時よく使われていたガゼルの羊皮紙に地図を収めようとして、歪めて描いたのではないかという解釈が有力視されています。

また「これは南極ではなくて南アメリカを描いた地図だ」という説もあるようで、今ではピリ・レイスの地図が氷のない南極を描いたものだと考える専門家は少ないそうです。

製作者はビル・ゲイツ並みの天才だったに違いありません

しかしそれでも、まだまだ多くの謎と根拠は残されています。

その中の一つに、とても気になることがありまあす！　それは、エジプトの首都・カイロ上空から見た衛生写真の地形と、ピリ・レイスの地図が完全に一致しているという事実です。カイロといえば「ピラミッド」。これは不思議な力を感じざるを得ません！

もしかすると南極大陸の氷の下には、失われた超古代文明が眠っているのではないでしょうか。だとしたら、南極に住んでいた人々はどこに消えてしまったのでしょう？

文明は消滅してしまったけれど子孫が生き延びて、世界各地にその末裔が存在しているとしたら？　その人たちは、遥か昔からすごい技術や文明を持っていたわけですから、**その子孫たちは「天才」と呼ばれる人物になっているかもしれません！**ビル・ゲイツとか、イーロン・マスクとか、マーク・ザッカーバーグとか、あのあたりは怪しいですね。日本だと誰だろう……孫正義さんとか前澤社長？　金持ちになるには天才的頭脳が必要ですからね。

　もしかするとエジプト文明やシュメール文明、中米のオルメカ文明、インカ文明も同様に、この南極の氷の下に眠っているのかもしれません。

　となると、南極はもしかすると、あの伝説の「ムー大陸」だった可能性もあるわけです！

　いやぁ……ロマンチックな考察は広がる一方ですね。

　最後にもう一つ、思いついちゃいました。**南極にまだ氷がなかった時代に、『ONE PIECE』に出てくるナミみたいな航海士がいて、その知識と天候を読むことができる天才的な頭脳で、ピリ・レイスの地図のもととなる地図を正確に作った**のかもしれません。

　いずれにしても、その真相は、南極にいるペンギンだけが知っているでしょう。

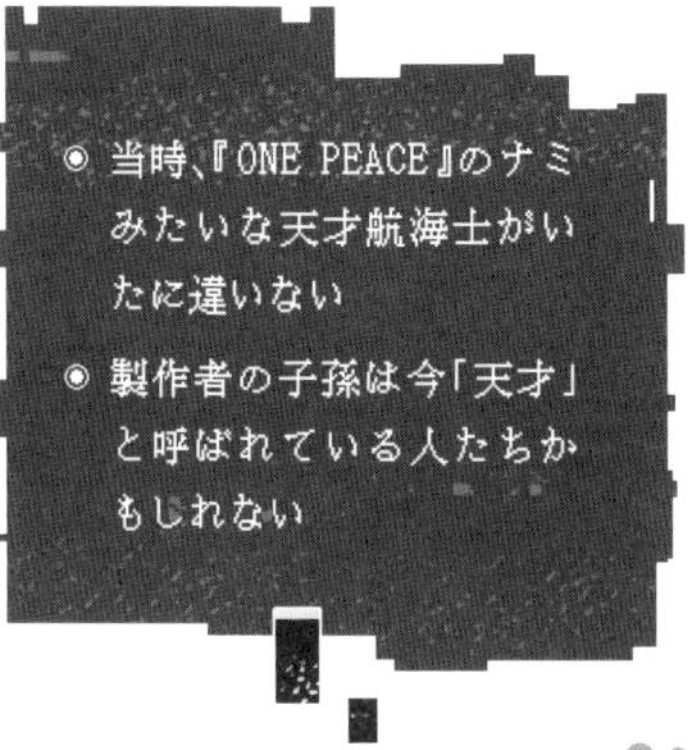
◎ 当時、『ONE PEACE』のナミみたいな天才航海士がいたに違いない
◎ 製作者の子孫は今「天才」と呼ばれている人たちかもしれない

07 日本全国に存在する、社会の暗部を垣間見られる場所

どの都道府県にも1か所くらいは、「一般人がおいそれと近づけない地帯」というものがある。いわゆる〝ドヤ街〟もそのうちの一つだ。

ある週刊誌の取材記者SとカメラマンＡが車で某県にある有名なドヤ街「K」に向かっていた時のこと。どうやら道に迷ってしまったようで、道幅が比較的広い裏通りに入り込んでしまった。よく見ると、その裏通りにはたくさんの人々が昼間にもかかわらず寝転がっている。普通の街とは明らかに違う雰囲気に困惑していると……路上で寝ていた人々が次々に起き上がり、車に向かって近づいてくるではないか！　中には目が完全にイってしまっていたり、血走らせている人もいた。しかも、車のバンパー付近にもたむろってくるので、スピードを上げて走り去ることができない状態。そのうちに数人が群がってきて、あろうことか車のフロントやサイドをバンバン叩き始めたのだ。

生きた心地がしない中、彼らがちょっと離れた瞬間を見計らってカメラマンがアクセルを加速させ、何とかその場を切り抜けることができたのだった。

入り込む一般人はみな、「いけにえ」になる

それから数年が経過したある日。取材記者Sは不動産界の首領《ドン》といわれる男性の取材をすることになった。そこでたまたま町での一件を思い出して話すと、彼の口から衝撃的な事実を聞くことになる。

「それは恐らく『K』の西寄り、川の近くにある小さな町の一角でしょう。群がってきたのはおそらく薬物中毒者では。一度逃げ込めばなかな

か見つからない場所といわれていて、関東の逃亡犯のほとんどは、この小さな町に隠れ込んでしまうそうですよ」

そこにはバラックのような建物が並んでいて、住民同士が助け合って生きている。昭和の日本のように、

惣菜を分け合ったり、調味料の貸し借りをしたりなど、はた目にはとてものんびりしているように見えるのだが……。

「住人のほとんどは、スネに傷を持つヤツばかり。それだけに連帯感は最強で、例えば何の罪も犯していないような素人のよそ者がうっかり入り込んでしまうと、身ぐるみを剥がされるそうです。入り込んで二度と出てこないという人も少なくないと聞いています。あなた、運がよかったですね」

ちなみにクスリの売人も存在するのだが、もちろん本物ばかりではなく、公園のけやきか何かの葉っぱを乾燥させたものを「大麻だ」と言って売っているらしい。また、とある取材記者は昼間に同地域の公園を横切った際、複数の視線に取り囲まれていることを察し、急いで通り抜けたという。日本でもこれだけ近代化が進んだとはいえ、全国にそのような一角が未だに存在しているのだ。

キリンの考察

ドヤ街には多様な価値観があるし、それも悪くない

僕自身、ドヤ街のディープな雰囲気に惹かれ、3大ドヤ街と呼ばれている地域に足を運んだ経験があります。特に印象的だったのは、大阪の西成。**足を踏み入れて1分もしないうちに、目の前で5対5くらいの喧嘩に遭遇**しちゃったんです。何となく異界的な雰囲気が漂う町並みも併せて、圧倒されていました。

僕の知り合いの女性は、地元男性のワゴン車で夜の西成をドライブしたことがあるそうですが、**「車に女が乗っているのがバレるとボコボコにされるから」**という理由で後部シートに座らされ、スモークを貼った窓から町の様子を見学したそうです。その時、車に「1本～、1本どう？」と浮浪者風の男が近づいてきて、手には**細い注射を何本も持っており「1本1000円でどや？」と男性にセールス**していたそうです。

横浜の寿町に行った時は、人通りが少ない時間帯だったせいか、通りを越えてそのエリアに入った途端に何となく空気が変わったような感じがしました。寿町からさほど離れていないところには、他にも長者町、日ノ出町、黄金町といったかなりのディープタウンが存在しているのですが、特に黄金町は横浜最大の暗黒街といわれていたにも関わらず、近年の再開発で超オシャレな街に変貌を遂げてしまいました。ちなみに黄金町には、2013年まで40年以上にわたって営業していたストリップ劇場があったのですが、**そこの踊り子さんたちはシンナーの吸いすぎで歯がほとんどなかった**そうです。

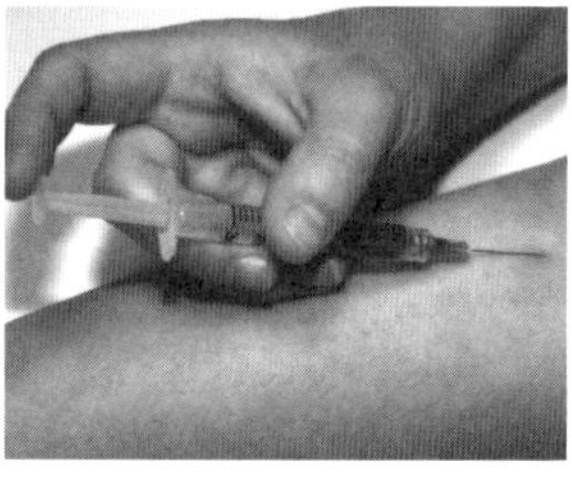

このお話に登場するのも関東のとある地域ですが、闇が深すぎる感じが漂っていますよね。かつてここの河川敷で起きたリンチ事件で死亡した高校生の遺体が発見され、その犯人が住んでいた地域かもしれません。

　ところで……もし仕事がなくなって、住む家もなくなって、年齢も若くなかったとしたら、みなさんはどうしますか？　僕は「結局行き着く場所はドヤ街しかないのかなぁ」とたまに想像してしまいます。

　勉強や仕事に真面目に取り組んで生きるのが一般的な世の中で、そのレールから外れてしまったとしても、それが果たして不幸なことなのかと問われたら、まったくそうではないような気がしませんか？　ドヤ街で暮らすことになったら、きっとそれまでとはまったく違う価値観で、まったく違う生き方をすることになるのでしょうが、想像以上に苦しいかもしれないし、逆に思ってもみなかった自由を満喫できるかもしれないある種の可能性を感じて、時々妄想してしまうんです。

　実は僕もＹｏｕＴｕｂｅｒになる前、貧乏生活をしていた時期もあるんですけど現在はその感覚を忘れつつあるので、僕の仲間で仕事に困りがちなハイネックさんという人に、一度話を聞いてみようと思います。

世の中のレールから外れたからといって、不幸とは限らない。苦しいかもしれないし、意外と自由だったりするかもしれない。僕もお金がなくなったらドヤ街に住んでもいいと思ってます

08 都内の森にある、この世のものとは思えない施設

ある日、とある女性のもとに、元彼であるAから「助けてほしい」という連絡がきた。Aは最近、入院先である女性と知り合い、交際することになったという。相手はMといい、福祉課の公務員で、Aより3歳年下の27歳。小柄で愛らしい印象だった。Mがレントゲン技師にセクハラされたことをAに相談し、急接近。

Aはすぐに自宅マンションの合鍵をMに渡し、やがてMは週の半分以上をAの部屋で過ごすようになった。

「その頃から少しずつ、彼女の様子がおかしくなっていったんだ……」

最初の異変は「食事」だった。料理上手なMだったが、ある日突然少しでも食べる順を違えると怒鳴り散らし、食卓の料理を全部床にぶちまけた。Aはこの時点で「別れたい」と思っていたが、怖くて言い出せないまま時が過ぎていった。ある日はAが帰宅すると、押し入れにしまって処分し忘れていた元彼女の写真と、二人で飼っていた犬の写真が、1枚ずつ目の部分をくりぬかれて部屋中の壁に貼ってあった。また、Aの靴の中にガラスの破片が山ほど入っていたこともあった。

Mに嫌気が差したAがビジネスホテルに連泊している時、Mの姉と名乗る女性から「妹がご迷惑をおかけしてすみません」という連絡を受けた。おそるおそる会って話を聞いてみると、Mの年齢は本当は41歳であること、天涯孤独のアパート住まいと言っていたが都内某所に4LDKのマンションと車を所有していること、そしてこれまでも関わった男性にしつこくつきまとっていたことなどを教えてくれた。事実は、福祉課の公務員という点だけだった。

Aはすぐさま携帯電話を解約し、

引っ越し先を探した。そして仕事の合間の深夜、荷物をまとめるためにこっそり帰宅するとMに見つかってしまった。するとMは意外にも、

「もうあなたの気持ちはわかった。あきらめます。でも最後に、私がこの世で一番大事にしているものをあなたに見せたいから、一緒に来てくれないかな……」と静かに呟いて涙を流したのだ。

暗い森の中にあった建物 その中で見た光景とは……

Mに連れられて到着したのは、東京郊外の山の中。鉄製の重いゲートの奥に、ドーム型の大きな建物がそびえ立っている。そこがMの職場で、施設長を務めているらしい。

やけに厳重な鉄扉を開けて室内に入ると、あちこちから咆哮《ほうこう》が聞こえ始め、何か得体の知れない者がMをめがけて走ってきた。それは手や足がなかったり、体があらぬ方向にねじ曲がってしまっている人々の集団だった。Mは愛おしそうにその者たちに声をかけながら、ゆっくりと服を脱いで全裸になり、楽しそうに戯れ始めた。Aは、その光景の異様さに気分が悪くなり、その場にへたり込んでしまった。

「この子たちは、親に愛されず捨てられた。私だけが頼りだから、絶対に裏切らない。だから、あなたなんかよりもずっと大事な存在なのよ、うぬぼれんな、このバカヤロー！」

Aは夜中の森を一目散に走って逃げ帰り、以降、MがAに接触してくることはなくなったという。

女性はこの話を聞いた時、「幻覚でも見たのだろう」と思ったが、その建物の場所を聞いて車で行ってみると、見つからなかったという。

キリンの考察

全てをコントロールすることを愛だと思い込んだ女の悲劇

これ、実は僕の知人の体験談なんです。まず気になったのが、AさんとMが仲良くなったキッカケです。

入院先のレントゲン技師にセクハラを受けるなんて、全くないとは言い切れませんが、そんなことありますかね？　このAさんがお人好しなのか、Mが天才的に嘘のうまい性格だったのか……流れからすると、おそらく後者のような気がします。

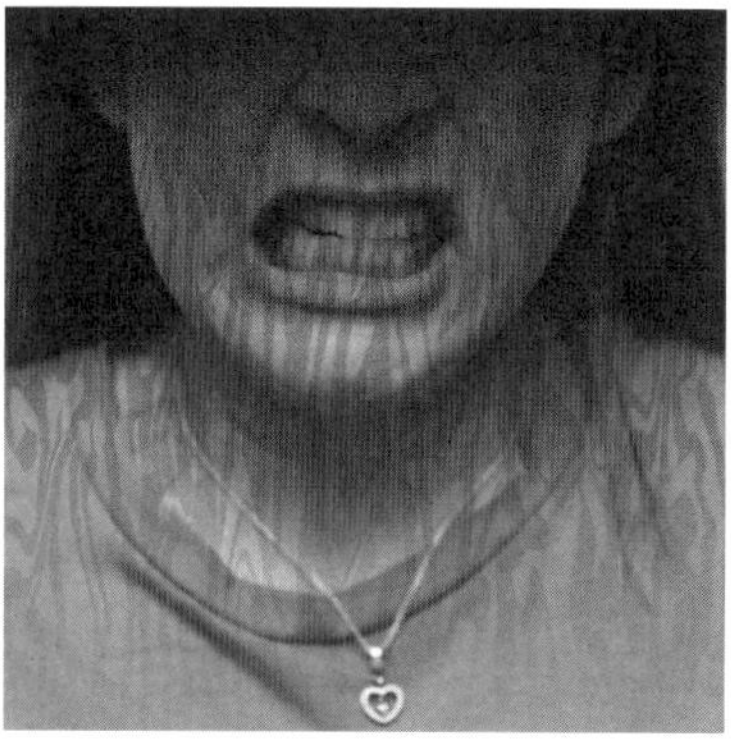

それにしても、Mが変貌していく様子は何ともショッキングです。でも僕は、**Mの心理というか、気持ちがいまひとつ掴めないんですよね。**

彼女は、さまざまな意味で大変な福祉施設で、人の世話をすることに生き甲斐を感じ、自分が必要とされていることを実感しながら働いているわけですから、見方を変えればとても幸運な人だと思うんです。施設にいる時のMの言動を読んでも、非常に満たされている感じが伝わってくるのですが、一方でAには過剰な関係性を求めているわけです。

一般論として、仕事が充実していると自信が生まれ、周囲に対しても寛容になるといわれていますよね。でも実際のMは山奥の施設で閉塞感を覚え、気持ちが満たされなかったので、ごくごく普通の相手との関係を求めていたのかもしれません。

Aに対するMの言動が日に日にエスカレートしていくあたりにも、Mの職業が関係しているように感じます。**Mは、自分が相手のすべてを管理することこそが愛であると思い込み、それをAさんにも求めてしまったの**ではないでしょうか。

「この子たちは、私だけが頼りだから裏切らない」

　最後に放ったMのこの言葉が、いびつに変化してしまった「愛」を表しているような気がします。相手をしっかりコントロールして隅々まで面倒を見てあげれば裏切られない――そんなふうにも思い込んでいる節もうかがえます。

　最後に、この施設は本当に存在しているのか？という疑問も残りますよね。しかし数年前、僕の知人がある飲み会で、この話と酷似した場所にある施設の話を耳にしたことがあるそうです。**ほとんど人には知られておらず、国が管理しているのだとか……。**どうやらAさんの話は、真実のようですね。しかし、そんな施設の管理をMのような精神不安定な人物に任せてよいのでしょうか。いや、管理しているうちに不安定になっていったのが真実かもしれません……。

　この話を聞いて、「最近私たちってマンネリね」と思っているカップルのみなさんは、いったん食卓を全部ぶちまけてみて、スリリングな展開に持ち込んでみるのもありかもしれません。責任は取れませんけど。

◉ Mは職業柄もあり、相手の一挙一動を全て管理下に置くことを愛だと思い込むようになった
◉ Aが遭遇した、国有施設は実在している可能性がある

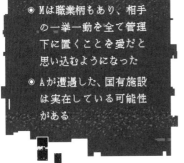

09

元職員から聞いた、UFO研究施設「エリア51」の真相

UFOマニア憧れの場所と言えば「エリア51」である。米・ネバダ州レイチェルに位置する、アメリカ空軍ネリス試験訓練場内の一地区で「ホーミー空港」とも呼ばれている。しかしそのUFO研究施設について、CIAが公式に認めたのは2013年。またアメリカ軍や政府も沈黙を続け、軍事機密が解除になってからインタビューに応じた元職員5名により「エリア51にUFOはない」と、その存在を全面的に否定する証言がなされた。

なぜ長年にわたってその存在を否定し続けてきたのか、謎は深まるばかりだ。

エリア51に続く道。警告看板と監視車両が常駐している

しかしそれも他国アメリカの話だと思いきや、なんと東京に「エリア51で働いていた」という人物が存在するという。品川区五反田にある会社のCEOを務めているのがその男性そうだ。

彼は日系アメリカ人で非常に頭が良く、中学や高校でも飛び級をして大学に通っていた。

そんな彼がある時、アメリカ国防総省からスカウトされ、連れていかれたのが「エリア51」だった。これまで体験者に共通している証言が「非常に奇妙な建物内に案内された」というもの。しかもその奇妙な建物はさまざまな形で、数多く建設されていたそうだ。

緘口令《かんこうれい》が敷かれ、現在も監視されているという

建物内に入ってまず驚いたのが、彼曰く「職員がすべてグレイ（宇宙人）だった」ことだという。彼はその建物内で5年間、グレイたちとともに未来のテクノロジーについての調査とデータ分析を行ったという。

「建物内の生活はとにかく厳重で、グレイ以外は銃を持った兵士しかいない。トイレに行く時も監視されていた。何より恐ろしかったのが、勤務初日にある部屋へ連れていかれた時のこと。壁全面に小さな引き出しのようなものがある部屋だったのだが、一人のグレイがその引き出しを引っ張ると、中には冷凍されて死んだグレイの死体があった。それからいくつかの引き出しの中を見せてもらったが、いずれにもグレイの死体が入っていた」

暗黙の脅迫……彼はそう感じたという。

ところが5年後、彼は唐突にエリア51内部での勤務を解かれた。解任時にはもちろん「この内部での体験は、死ぬまで話すな」と念を押されたそうだ。

その後2～3年は毎日監視がついているのを感じ、アメリカにいるのが苦痛になり、日本へ渡って起業したという。

「実は今も、年に2～3回はCIAらしき調査員が訪問あるいはメールなどで『我々は見ている』と連絡をしてくるんだ。今やどうでもよくなって、こうして体験談を語っているのさ」

さすがに本名や顔は出せないが、エリア51の噂は本当だということを伝えたいと彼は話していた。さてみなさんは、どこまで信じる？

キリンの考察

宇宙人がいたという証言多数 そしてYouTubeの中にも

　エリア51は一般人の侵入に対して異常な厳戒態勢にあるため、「墜落したＵＦＯを運び込み、宇宙人と共同研究をしている」「ロズウェル事件と関係している」「グレイと呼ばれる宇宙人が生活している」など、噂が尽きません。実際、基地周辺でＵＦＯ（未確認飛行物体）も頻繁に目撃されているため、ハリウッド映画やテレビドラマなどのネタ元にされていました。

　しかしその一方で、本当は宇宙人とは何の関係もない施設であり、「アメリカ軍が極秘の超兵器を作っている」「モラルを完全無視した人体実験や生物実験を行っている」といった真実を隠蔽するために、デマとしてＵＦＯ説を流しているのだとの見解もあったりします。情報のほとんどがデジタルデータとして管理される時代になったことで、**むしろデータの枠を超えるものが見えなくなりつつあるからではないでしょうか。**それまではアナログで相手の本質などを見てきたはずなのに、デジタル化が進むことによって現代人は本来の能力を奪われ、超常的な事案や存在の正体を掴むことがより難しくなってきているような気がします。

　近年のアメリカでは、軍の兵器化学研究所ＥＧ＆Ｇ社から「高度なテクノロジーに関する米海軍のプロジェクトに参加しないか」という要請を受けたというロバート・ラザーなる人物が『チャンネル８ ＫＬＡＳ ＴＶ』という番組に出演し、「エリア51でＵＦＯの推進原理を研究していた」と暴露しています。現場に行くまでは、実際に何のプロジェクトに関わるかわからなかったが、敷地内に到着すると「Ｓ４」と呼ばれる奇妙な建物内に案内され、そこにあった格納庫の中に計９機のＵＦＯがあるのを見たそうです。これは五反田のCEOの話と似ていますよね。やはりエリア51に宇宙人はいるのかもしれません。

また最近では、初の民間宇宙旅行に成功した、Amazon創業者のジェフ・ベゾスや、ヒラリー・クリントンらは「レプティリアン」と呼ばれる爬虫類系の宇宙人ではないか？という噂もありますし、日本でも体のどこかにウロコがあって独自のネットワークを築いている「竜人」という民族がいて、それも宇宙人らしいという噂もあるようです。

もし仮に宇宙人が我々人間の生活の中に潜んでいて、地球人をコントロールする思惑があるのなら、**今の時代で言えばやはりYouTubeを使わない手はないと思うんですよね。** となると、最も宇宙人が潜んでいるのはYouTube、**それも仮面系YouTuberが怪しい**のではないでしょうか。正体がわからないのに、誰からも疑われず、当たり前に見られているんですよ？　フフフ……僕のことを人間だと思っているあなたは既に宇宙人に洗脳されているのかもしれません。知らんけど。

◎ 本当は普通の軍事施設だが、UFOの噂を流すことで陽動作戦に出ているのかもしれない
◎ YouTuberにも宇宙人が紛れ込んでいるかもしれない

10

「意味がわかると怖い話」はこの物語から始まった

ネットに転がる「意味怖」話の元祖といわれているのが、イギリスの作家ポール・スローンの短編推理「ウミガメのスープ」シリーズだ。

ある男が、海の見えるレストランで「ウミガメのスープ」を注文した。

そして、運ばれてきたスープをひと口飲むと、男の動きが止まり、シェフを呼んでこう尋ねた。

「これは本当に、ウミガメのスープなのですか？」

「はい、間違いございません。ウミガメのスープです」

シェフはそう答えた。

男はレストランの勘定を済ませて帰っていった。

そして次の日、命を絶った。

男はなぜ、自殺をしてしまったのだろうか？　物語の推理（解釈）は複数あるが、中でも最もメジャーな解説は以下のとおりだ。

男は以前、船乗りだった。ある時船が遭難して飢餓に苦しみ、仲間の乗組員たちも次々に死んでいった。

そんな中乗組員の一人がウミガメの捕獲に成功し、それをスープにして飲ませてくれた。おかげで何とか命を繋ぐことができたのだ。

年月が過ぎ、男はウミガメのスープを出してくれるレストランを発見し、足を運ぶ。だが味わってみると、以前食べたものとは味も食感もまったく違っていた。そして男は気がついた。あの時食べたスープは、同じ船で餓死した仲間の人肉だったことを……男はその事実にショックを受けて、自殺してしまったのだ。

キリンの考察

男は自殺したのではなく シェフがぶっ殺した

「ウミガメのスープ」はもともと、この物語を語る出題者と、この物語を考察する参加者の2組に分かれて楽しむように作られているそうです。

出題者は物語の背景にある重要な情報を隠して結末を語り、参加者はなぜそのような結末に至ったのかを考えるのですが、その際、参加者には出題者に対してYES／NOで答えることのできる質問のみが許されており、出題者の解答をヒントにしながら物語の真相に迫っていくという、知的好奇心がめちゃくちゃくすぐられる謎解きが展開されます。

そして日本では、このような形式の推理ゲームは総じて「ウミガメのスープ」と呼ばれているんです。なので、「意味怖＝謎解き＝ウミガメのスープ」という感じで認識しておくとわかりやすいかもしれません。

「ウミガメのスープ」は書籍にもなっているのですが、そこに掲載されている問題だけでなく、ネット上でも個人が考えた問題を投稿できる掲示板があります。

この「ウミガメのスープ」で、参加者から出題者への質問をなくした形式として派生したのが、僕も大好きな**「意味がわかると怖い話」**です。また一方では、意味怖の発祥はあの「2ちゃんねる」にある、ともいわれています。

いずれにしろこの物語、推理的な要素が強くて僕はわりと気に入っています。しかし、男が遭難した時に飲ませてもらったスープの味と、レストランで飲んだ**スープの味が違っていたというのは、そもそも間違っている**と僕は考察しています。

完璧主義者のシェフは、この男に「これが本当のウミガメのスープなのか」という疑問を持たれた時点でこの料理は完璧ではないと感じてしまいました。しかし、自分が作るこのスープは完璧でなければならない。ではどうすればよいかと考えたとき、スープを味変したり作り直したりするのではなく、**「味が違う」と言った男を消してしまえば、ウミガメのスープの味に疑問を持つ者はいなくなる**と考えてしまったのです。

　つまりシェフによる殺人なのではないかというのが僕の推理です。

　あるいは、シェフはウミガメのスープを出したつもりだったのですが、実は**間違えてサムゲタンを出してしまい**、そのミスがバレる前に男を消せば証拠は残らないと考えて殺したんだと思います。そして殺された男は、翌日シェフが作った「気まぐれサラダ」の具になったのではないかと思います。まぁいずれにしても、殺人事件だということです。みなさんもウミガメのスープをレストランで注文したら、発言には十分気をつけて味わってください。

◎スープの味に疑問を持たれたシェフが隠蔽のため男を始末
◎間違えてサムゲタンを出してしまったシェフが隠蔽のために男を始末

キリン10の秘密

その1 東京と僕

YouTuberの動画で「引っ越しました!!」という企画をよく目にしますが、僕はそういった類のプライベートを公開するような動画は一度も出したことがないですし、基本的にツイッターなどのその他SNSでも居場所がわかるような投稿もほとんどしたことがありません。というかYouTube以外のSNSの更新をサボりまくってしていないんですけど(笑)。

そんな僕が今どこに住んでいるのかというと、ズバリ「東京」に住んでいます。ゴリゴリの都心です。と言っても生まれが東京というわけではなく、YouTubeである程度収益が安定した後に東京に引っ越してきました。なので東京暮らしには多少慣れてきたものの、まだまだ行ったことがない街もたくさんあります。

東京にはずっと憧れがありました。10代の頃には服飾の道に進みたいと思っていた時期があり、高校3年生の夏休みに同じ志を持った友達と二人で「青春18きっぷ」を買い、鈍行の電車ではじめて東京に向かいました。目的は、ヨウジヤマモトの山本耀司やCOMME des GARCONS JUNYA WATANABE MANの渡辺淳弥をはじめとする数多くの世界的ファッションデザイナーを輩出している「文化服装学院」など、いくつかのファッション系の専門学校に体験入学するためでした。

とても素晴らしい体験になりましたが、一方でファッションの知識もセンスもなく、何となく服が好きという気持ちだけで参加していた田舎者の僕は、ほぼ同い年であろう他の参加者たちの洗練されたファッションに圧倒されてしまいました。同じく、その時に体感した東京の街は思わず目を背けたくなるほどキラキラと輝いていて、そのあまりの壮大さに押しつぶされそうになったことを今でも鮮明に覚えています。

結局僕は、金銭的に厳しいという理由で東京に行くことを諦めました。ですが、本当は東京でやっていく自信がなかっただけかもしれません。要するにビビっていたわけです。

それから時が経ち、YouTubeと視聴者のみなさんのおかげでついに東京に引っ越すことができました。引っ越した当初は知り合いもほとんどいなかったので渋谷や新宿など、聞きなじみのある街をひとりで散策しては、建物の大きさと人の多さに相変わらず圧倒されていましたが、今はあの頃よりもひるまずに東京という街を見ることができている気がします。

その2 キリンの自宅公開

僕のプライベートな部分なんて誰も興味ないだろうとは思いますが、もしかすると興味を持ってくれる狂信者の方も一人くらいいるかもしれないので、自宅を公開していきたいと、思います〜！

まずはリビングですが、ほとんどが作業部屋兼撮影スペースとなっています。

ご覧のとおり片付けが苦手なので部屋は常にぐちゃぐちゃです（笑）。撮影のたびに、モニター代わりにしている大画面テレビの正面にグリーンバックをセッティングし、デスクにカメラを置き、画面にカンペを表示しながら撮影しています。カメラはヒカキンさんも使っていたらしいパナソニックのGH5をずっと使っています。音楽活動してみたいな〜と思って買ったアコギやMIDIキーボードは三日坊主で全く触っていません。

ベッドルームには、気になる漫画が適当に積まれてますが、最近はもっぱら漫画アプリで読むようになりました。

お風呂の入り口と洗面台はまあこんな感じです。

初公開！キリンの自宅

（上）リビングはそこそこ綺麗です（右上）洗面台（右下）寝室は地味です。読みかけの漫画が積んであります

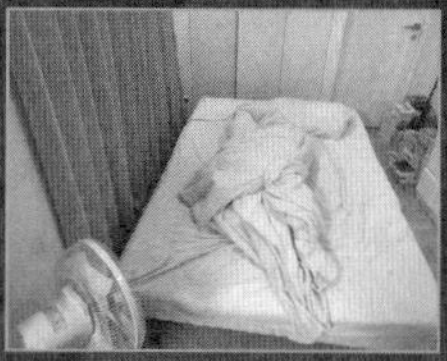

登録者184万人 YouTuberの作業スペース➡

ここでいつも動画の編集をしています。作業机は、割と片付いているほうだと思います。使っていないキーボードがなぜかあります……。

第2章

影の世界の住人たち

11 史上最凶。93人の殺人を自白した男

「アメリカで最も凶悪な殺人犯」という異名を持つ元ボクサーのサミュエル・リトルには、彼が36歳を迎えた1976年以降から何度も、売春婦や麻薬中毒女性へのレイプ未遂や殺人の嫌疑がかけられていた。

1940年、売春行為で服役中だった女性が刑務所で産み落としたとされているリトルは高校中退後、当時オハイオ州にあった自宅を出て、万引や窃盗を繰り返しながら各地を転々として暮らしていた。そしてフロリダ在住時に彼の身近で女性の遺体が発見されるも裁判では無罪に。その後は別の殺人未遂で懲役4年を言い渡されるも2年半で仮釈放されている。釈放後に移住したロサンゼルスでも、リトルの身近で3人の女性が路上で絞殺される事件が発生。しかしリトルは逮捕されず、事件はコールドケース（未解決）となった。

さらにリトルは2012年までに7つの州でさまざまな法律違反を犯して逮捕されるも、殺人罪ではまるで捕まらない。ラッキーとしか言いようのないことが続いてしまったが、同年住んでいたケンタッキー州の避難所でDNA検査が行われた際、ロスで殺害された女性らの体内から発見された体液とリトルのDNAが一致したことから、ようやく殺人罪で逮捕されることになったのだ

殺害した女性をご丁寧にスケッチしていたリトル

2014年の裁判で、リトルは1987～1989年にかけてロスで発生した未解決殺人事件で3回の終身刑となった。ところがその後リトルは、服役先のテキサス州の刑務所で、過去に犯した殺人事件につ

いて次々と告白を始めた。

　2018年までにリトルが自白した殺人事件はなんと93件。うち50件の殺害の裏付けが取れ、これによって50件のコールドケースが解決したが、残る43件については未だ確証が得られていないという。リトルは自白時に、こんなことを言っている。

「おそらく私に代わって有罪判決を受けた人物はたくさんいるだろう。この自白によってその人たちを少しでも出所させられたら、神はもう少し私に微笑むかもしれない」

She's out there hustling.
(FBI, Public domain, via Wikimedia Commons)

　そんなリトルが手にかけた女性のほとんどはアフリカ系アメリカ人で、売春婦や麻薬中毒者だった。ボクシングで培ったパンチで最初に相手を殴り、片方の手で口をふさいで殺害しながら、もう片方の手で自慰をして、コトが終わると死体を性的に暴行し、道端に捨てていたという。

「彼は昼間泥棒で、夜は殺人犯だった。一日中盗みを働いてお金をちらつかせ、女の子を自分の車に誘い込んでから殺していたのだ」とは、リトルを取り調べた刑事の言葉だ。

　ちなみにリトルは、自分が殺害した女性の顔を驚くほど詳細にスケッチしていた。そのおかげもあって、50件のコールドケースが解決に導かれたのだった。

　リトルは93件の殺人で計4回の終身刑を言い渡されたが、刑務所内では心臓病や糖尿病に苦しみ、2020年12月30日に80年の生涯を閉じた。

キリンの考察

〝美学〟を感じない リトルの殺人ぶり

ここまでの大量殺人犯って、欧米では数年に1回くらいの頻度で出現しているような気がします。

逆に、日本ではこうした大量殺人はほとんど起きていませんよね。パッと思い浮かぶのは「津山事件」くらいでしょう。それも数年にわたって殺人を繰り返したのではなく、約2時間で発作的に……という感じなので、明らかにパターンが異なります。

一体、その差はどこにあるのか――「国民性」と言ってしまえばそれまでですが、例えば「紳士」「淑女」と称される国民性を持つイギリスでは、超有名な「切り裂きジャック事件」だけでなく、真面目な教師が大量に人を殺して自宅の壁の中に隠していたとか、夫婦で次々と人を殺しては自宅の庭に埋めていたとか、結構な数の大量殺人事件が起きています。特に事件の多いロンドンは「霧の町」と言われるほど雨の多い地域なので、**気象の影響で殺人を犯してしまうような陰鬱な気持ちが生まれてしまう可能性も否定できない**と思います。

リトルの生い立ちをみると、殺人を犯してしまう理由は国民性や風土だけでなく、**やはり育った環境の影響が大きい**と言えるかもしれません。最初に有罪になったのは16歳の時で、その罪は「不法侵入罪」でした。以降リトルは、11州で26回も逮捕されますが、さほど重くない犯罪ばかりだったせいかすぐに釈放されています。

そしてリトルは、繰り返される投獄生活の中でボクシングの技術を体得し、ミドル級ボクサーになったのですが、後にこの技を殺人に活用することになってしまいました。

ボクシングの技術を持ち、刺し傷や銃傷といった明らかに殺人とわかる痕跡を残さなかったため、殺害された多くの犠牲者は本人の背景と相まって、薬物の過剰摂取死や事故死、あるいは自然死として扱われたケースが多かったそうです。

　またリトル自身も、自分に代わって誤認逮捕されたり、有罪判決を受けた人が何人もいるだろうと語っていますが、それでももし死刑になってしまった人がいたとしたら目も当てられませんよね。

　ところで有名な殺人鬼の中には「どうやって殺すか」という手段や方法に異常なこだわりを持つタイプが多いものです。例えば殺し方は状況によってバラバラでも遺体処理は決まった方法であるとか、どんな相手でも絶対に絞殺するとか、実にさまざまな「美学」なるものを犯人に感じることがあります。

　しかしリトルは、自慰やセックスといった欲望を満たし、遺体は隠さず路上に放置するといった粗雑な扱いをしながらも証拠を一切残さないという徹底的に効率化された殺人を繰り返してきました。

　そのアンバランスさに僕は底知れぬ恐怖を感じてしまいます。

　リトルはある意味、究極のサイコパスなのかもしれません。

◎ 気性や生い立ちが殺人犯のマインドに影響する!?
◎ 殺し方が雑なのに証拠は残さないという矛盾にガチサイコパス味が表れている

12

市川一家4人殺人事件

平成の未成年犯罪で初めて「死刑判決」が下された事件

事件があまりにも凶悪で残忍だったことから、19歳の少年に「死刑」判決が下された――それが、1992年千葉県市川市で発生した「市川一家4人殺人事件」だ。

犯行当時未成年だったにもかかわらず死刑執行が確定したのは、1997年の永山則夫（ピストル連続殺人事件犯人、当時19歳）以来、20年ぶりのことだった。

犯人の名前は、関光彦。中学生の頃から家族に暴力をふるうようになり、中学2年生の時に不良少女と初体験を済ませて以降、少女のアパートに入り浸ってセックス三昧の日々を送っていた。高校中退後には帰宅途中の15歳の少女に目をつけ、後ろから車でわざとぶつかって怪我をさせ、優しく声をかけて救急病院まで付き添った後、自宅まで送る車の中で豹変。ナイフで少女を傷つけながら自宅アパートへ連れ込み、2度強姦。現金も奪った。その後、フィリピンホステスを拉致したことから地元のヤクザに追われ、慰謝料200万円を請求される。いくら暴力的な光彦もプロの暴力団には頭が上がらず、何とか金を工面しようと、強姦

した市川市在住の15歳の少女の自宅マンションに押し入ったのだ。

家族全員を無慈悲に殺害、死体の横で飯を食う

雨降りの夕方、部屋のドアは施錠されておらず、中には83歳の祖母が眠っていた。光彦は祖母を蹴って叩き起こした後、電気コードで首を絞めて殺害。そこへ帰宅した少女と母親のうち、母親だけを包丁で刺殺した。しばらくすると保母さんに連れられて少女の妹4歳が帰宅。光彦は少女に命じて食事を作らせ、3人で食事をする。その後、家族のむごたらしい死体が転がっているところで「時間つぶし、気分転換」と言って少女を強姦。その最中に帰宅した少女の父親を背後から包丁で刺し、瀕死の重傷を負っている父親から経営する会社の場所を聞き出してから、再度背中を刺して殺してしまった。

光彦は少女を連れて少女の父親の会社へ行き、少女を使って父親が置いていると言っていた預金通帳を持ち出すことに成功。その際、少女の行動を不審に思った従業員が警察に連絡。市川のマンションを警察官が訪ねるも、応答がないため一度は「留守」と判断して去ってしまった。朝6時半頃、2人は帰宅したが、光彦は事件の発覚を恐れて、スヤスヤ眠っていた4歳の妹を包丁で刺殺した。

その後、少女は光彦の命令で父親の会社に連絡、再度金の工面をしたが、その様子を怪しんだ従業員が警察へ再度通報したことから事件が発覚し、光彦は逮捕された。

光彦はその時点で「未成年ならどんな事件を起こしてもさほどの罪にはならないだろう」と考えていたのだ。死刑判決を受けても光彦の「生」への執着は強く、再審請求を繰り返した結果、逮捕から25年経過した44歳の時に、死刑執行された。絞首刑を逃れるべく、刑務所で食事をバカ食い、体重を120キロまで増やしたが、徒労に終わったのだった。

キリンの考察

少年犯罪は罪が軽いと思って舐めていた理由

最初にお伝えしておきますが、この事件はあくまでも「平成で初めて未成年者に死刑判決が下りた」というもので、少年法を問うものではありません。少年法とは、死刑を無期刑にすると定め、無期刑も減刑できるとされているのですが、18歳と19歳は対象外になっています。

この事件の主犯である関光彦は、少年法についてそこまで詳しく調べていなかったのでしょう。「少年犯罪ならどんな犯罪でも処罰は軽くなる」と思い込み、逮捕されても「これで俺も少年院行きか」程度にしか考えていなかったようです。

しかし裁判所は「冷酷非情な犯行。少年だったことを考慮しても死刑はやむを得ない」として、死刑判決を下しました。まさか関も、自分が死刑になるなんて想像もしていなかったに違いありません。

関がこんな勘違いを起こしてしまったのは、**この事件よりも前に起きた「女子高生コンクリート詰め殺人事件」において、当時18歳だった加害者少年に、死刑や無期懲役といった厳罰が科されていなかったから**です。出所後も生き延びる気満々だった関は逮捕後、自身の出所後の生活設計のため、面会に訪れた母親に頼んで高校時代に使っていた教科書・参考書・辞書類の差し入れをさせていたそうです。

しかしその生い立ちは壮絶で、ギャンブルと酒と女にしか興味のない父親からすさまじいDVを受けながら成長し、父親の莫大な借金を抱えて離婚した母親と借金取りに追われながら極貧生活を送り続けていました。当然のごとく洋服など買ってもらう余裕もなく、いつも汚い身なりだったことから学校でもイジメの対象になっていたそうです。

中学生になると体がかなり大きく

なり、母親や実弟に暴力をふるうようになっただけでなく、小遣い欲しさに不良とつるみ、喧嘩や恐喝、窃盗を繰り返していました。

　さらに高校中退後は、自分たちの面倒をよく見てくれた恩人の祖父の左目を殴りつぶし、一家殺人の前に24歳の女性を襲い、アスファルトに何度も頭を叩きつけてから強姦するという酷い事件を起こしています。本人曰く、この一件で「これまでに感じたことのない自信が生まれ、無敵感を持つようになった」そうです。

　悲惨な生い立ちから悪の道へとのめり込んでいった関は、その過程で自分の年齢を計算に入れた上での犯罪を狡猾に考えるようになっていったのかもしれません。

　ただ、もし関が、少年法を正しく理解していたらどうだったのでしょうか。この陰惨な事件は起こらずに済んだのでしょうか。僕にはとても予想できませんが……。

　ただ関光彦が引き起こしたこの事件の全貌が明るみに出ることによって、**少年法の在り方が問われたのではないか**と感じています。

前例の「女子高生コンクリート殺人事件」の判決がもう少し厳しければ起こらなかったのでは？　という事件

13

「IQ160」の変態殺人鬼夫婦

「性奴隷をつくろう」と快楽殺人を繰り返す

1946年にアメリカで生まれたジェラルド・ギャレゴとその妻、シャーリーンは性的理由から11人の人間を殺すという悪事を働いたことで有名な夫婦である。

ジェラルドは13歳で6歳の少女を強姦。18歳で結婚して娘が生まれたが、その娘が8歳になった時に我慢できずに強姦。そんなことを繰り返し、以降7回も再婚を繰り返していた。

そして7回目に結婚した相手が、1956年に裕福な実業家の娘として生まれ、IQ160の知能を持つシャーリーンだった。学生時代には優秀な成績で注目され、ヴァイオリンの名手としても期待されていたが、高校卒業後に酒と薬物と男あさりを好むようになってしまった。

そして1977年、知人の紹介でジェラルドと出会い、すぐに肉体関係を結ぶ。ジェラルドは「女性を何人か見つけて性奴隷に調教してみんなで楽しもう」と提案。シャーリーンはそんなジェラルドの苛烈な気性に「父性」を感じたらしく、このイカれた提案を承諾した上に結婚までしてしまったのだ。

女性を誘拐し3P後に殺害「性奴の殺人鬼」という異名も

夫婦となった二人は、10～20代前半の女性を標的に定め、銃で脅して車で誘拐。拉致監禁してまずジェラルドが強姦をし、その後にシャーリーンとともに3Pを堪能、プレイが終わるとジェラルドが女性を銃殺する、というパターンを繰り返し、1980年までにまだ生まれていな

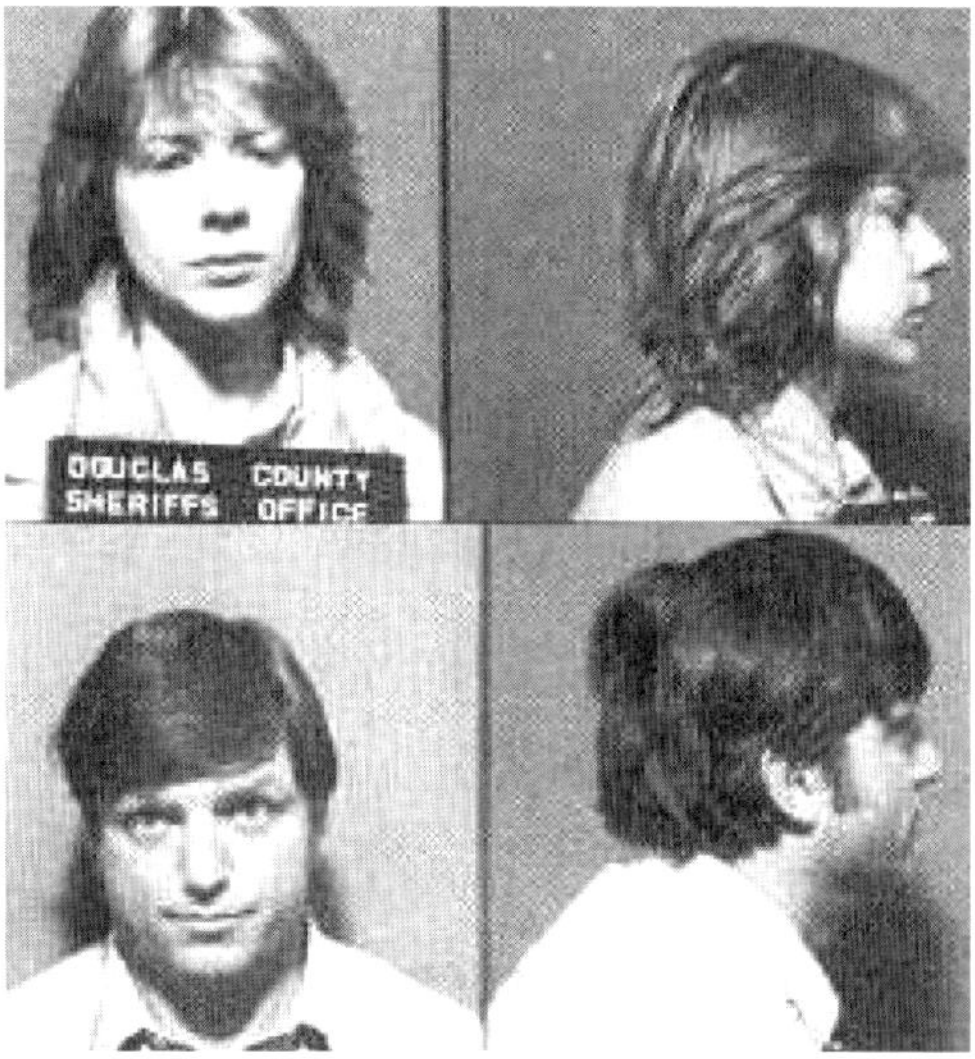

(California Department of Corrections, Public domain, via Wikimedia Commons)

い赤ちゃんも含めて11人もの犠牲者を出した。その殺人スタイルから「性奴の殺人鬼」という異名もついたそうだ。

しかし同年、2人のカップルを車に連れ込んだところをカップルの友人男性が目撃、車のナンバーを警察に通報されてしまう。その後、警察は車の持ち主であるシャーリーンのもとを訪れて話を聞いた。シャーリーンが知らぬ存ぜぬを貫いたため一度は事件性がないということで落ち着いたが、カップルの殺害遺体が発見されたことから、警察は再度シャーリーンをマーク。しかし連行寸前で夫婦は逃亡した。

それを受けて、シャーリーンの両親が警察に通報。その後、両親から送られた500ドルの為替手形を郵便局に受け取りに来たシャーリーンが逮捕され、ほどなくしてジェラルドも拘束された。

逮捕後、シャーリーンは司法取引に応じ全てを自供したため、1997年に16年8か月の実刑を終えて釈放され、現在はシャーリーン・ウィリアムズという名前で生活を送っている

一方、夫のジェラルドは死刑を宣告されたが2002年、獄中で直腸ガンにより56歳で死去した。

キリンの考察

凶悪犯罪者は天才だらけ
凡人の僕には理解不能です

昔から「天才と○○は紙一重」と言われていますが、我らがヒーロー「きっとパンティー」ことテッド・バンディはＩＱ１３６、「ミルウォーキーの食人鬼」の異名を持つジェフリー・ダーマーはＩＱ１４５、「爆弾魔」ユナボマーはＩＱ１６７だったことから、このことわざは当たっていると言わざるを得ないでしょう。

妻のシャーリーンはＩＱ１６０だったとのことですが、ちなみに僕も中学の時はそこそこ勉強ができたので、母親から「あなたはＩＱが絶対に高いと思う」と言われながら育ってきました。

そんなある日。テレビでＩＱテストの番組が放送されていました。

日頃からちょっとした秀才気取りだった僕は、「なになに、ＩＱテストだって？　こんなのチョロいもんだ。試しに軽くやってみるか」くらいの自信満々な気持ちでテストをやってみることにしたのです。隣には母もいて、期待に胸を膨らませました。

しかし結果的には**凡人とあまり変わらない成績しか収められず**、親子揃って何とも言えない、**ものすごく変な空気になった**ことを今でも鮮明に覚えています。

なので僕には、本当にＩＱの高い人たちの世界観は全然わかりません。

それにしてもこの夫婦、美男美女ですよね。ネットで検索するとすぐに二人の写真が並んで出てくるのですが、こんなにキレイな女性とイケメン男性に誘われたら、僕でもついていってしまうと思います。

しかしこれほどの美貌を持ち、実家は裕福で、おまけにＩＱも高かったシャーリーンが、ジェラルドの言いなりになってしまったのはなぜなのでしょうか。ちなみにジェラルドの父親は警官を2名殺害した罪で死刑になっています。父親亡き後は母親が懸命に育てたようですが、結局ジェラルドは自分の娘に手を出してしまうほどのロリコンかつ変態殺人鬼に成り下がってしまってしまっています……やはり**IQの高さと人を見抜く目は別物なのかもしれません。**

おそらくシャーリーンは、才色兼備で環境にも恵まれていたにもかかわらず、酒と男に溺れてしまった自分に、どこかで劣等感を持っていたのではないでしょうか。そこにイケメンで、たぶんテクニシャンだったであろうジェラルドが出現し、お互いの性欲お化け的な面で意気投合してしまったような気がします。

しかしどんないきさつがあったとしても、誘拐した見知らぬ女性と3Pしたあげく殺《あや》めてしまうことに喜びを感じてしまうというのは絶対に許されません。

そこには、性欲だけでは語ることができない欲求があるのかもしれませんが、SとかMとかいう単純な変態プレイの枠を超えてしまっているということだけは確かです。

世界童貞でテクノブレイカーな僕も相当な性癖の持ち主だと自負していますが、残念ながらここまでは到達できていないので、理解不能です。

頭の良いシャーリーンが獣のようなジェラルドに惚れたのは、堕落した自分自身に劣等感を覚えていたため

14

顔出し徹底NGを貫いた作家・トレイヴン

20世紀を代表する作家の一人に1890年生まれのB・トレイヴンがいる。最も有名な作品は『シエラ・マードレの財宝』。1948年にハリウッドで映画化され、日本でも『黄金』というタイトルで公開されている。

このトレイヴン、なぜか自分の素性を隠すことに異常なこだわりを持っていたらしく、B・トレイヴンという名もヨーロッパで作家デビューする前から使用していた偽名だ。

しばらくはドイツで作家活動をし、数年後に活動拠点をメキシコへ移してからも正体を明かそうとせず、極力外出を避け、編集者に原稿を渡す時も代理人に頼んだり、郵送したりしていたそうだ。写真もまたほとんど残っていないが、ロンドンで公的機関に提出する書類を偽造した罪で逮捕された時に撮られた写真があり、貴重な一枚となっている(左頁参照)。

そしてかの巨匠、ジョン・ヒューストン監督は、トレイヴンの小説を映画化するにあたりどうしても会いたくなり、約束を取りつけた。しかし現れたのは「ハル・クローヴス」という名刺を持った男。トレイヴンから預かったという監督宛ての手紙には、「私は体調を崩して伺えなくなったが、クローヴスは親しい友人なので私と同じくらい作品のこともよく知っているから何でも聞いてほしい」という主旨が記されていた。

それから約2週間、クローヴスは撮影に協力したが、撮影終了後、クローヴスが代理人であるというのは真っ赤な嘘であることが判明。監督は後日「クローヴスこそが、トレイヴン本人だったに違いない」と語っていたという。

キリンの考察

素性を隠し続けたのは母国で指名手配されたから？

ある作家の話によると、トレイヴンが周到に経歴を隠そうとしたのには然るべき理由があったといいます。

彼の生まれ故郷である可能性が高いとされるドイツでは、彼は急進派のジャーナリストであり活動家でもあったため、指名手配されていたのだとか。それでメキシコへ逃れ、一度ならず名を変えて商船の船員になったり、マホガニーの森で働いたりした後にようやく結婚。メキシコシティに居を構えて作家となり、妻とともに2人の娘を育てたというのがトレイヴンの真実だとも伝えられています。

本人の画像とされるもの（British Authorities (London, 1923), Public domain, via Wikimedia Commons)

しかし一方で、1969年のトレイヴン他界後に、正体を突き止めようとしていたマスコミは、トレイヴンの代理人としてヒューストン監督のもとに現れた「ハル・クローヴス」に注目し「彼こそがトレイヴンだ！」と報道したこともあったそうです。

なぜなら、トレイヴンは亡くなる直前に「トレイヴン・クローヴス」という偽名を使っていたからです。

あながちあり得ない推測ではありませんが、やはりあくまで推測の域を出ず、彼の正体については、現在でも不明な部分が多く残されているそうです。

僕がトレイヴンのように顔を隠し続ける理由

しかしトレイヴンだけが謎に包まれているわけではありません。

実は「正体不明の作家」という存在は意外に多く、みなさんご存じであろう「ウホッ！　いい男」「やらないか」やゲイ漫画の金字塔『くそみそテクニック』などの作者であるゲイ漫画家**〝ヤマジュン〟＝山川純一先生**も本名不明、生没不明といわれているんです。

最近では、大ヒット曲の「うっせぇわ」を歌っている人（Ａｄｏ）も正体不明ですよね。高校生といわれていますが、案外世間への不満をため込んだ50歳のＯＬかもしれません。

ちなみに僕も本を出すのが今回2冊目でして、誰がなんと言おうと紛れもない「作家」です。しかも仮面で正体を隠しているので、実は僕こそが正体不明の作家なのです。

僕の正体不明ぶりは、かなり徹底しています。

仕事で企業とオンライン会議をする時も顔は出しません。一番の理由は、顔が有名になることにメリットを感じないからです。

何より、僕はひとり行動が大好きで「人知れず、雑踏の中に紛れて生きていきたい」という切なる思いの持ち主なんです。加えて「他人の顔色を必要以上にうかがってしまう」という性格の持ち主でもあって、過去にそれが原因で生きづらさを感じる日々を送った経験があります。

だから僕にとって「顔を知られる」のはとても恐ろしいことなので

す！

現在はYouTubeのチャンネル登録者数も増え、時と場合によっては顔をさらさなければならないこともありますが、プライベートでは見知らぬ人の目を気にすることはほぼないので、顔を隠すのは、とても暮らしやすいです！

トレイヴンが僕と同じ理由で正体を隠していたのかどうかはわかりません。でも**「正体を隠したい」という感情は、僕にとってとても自然で**あるように感じます。

そういえば僕の中には「正体を隠しているというメリットを生かして、キリンという名前も伏せて別の場所で表に出る活動もしてみたいな」という願望があったりします。

でもきっと、新たな活動においても自分の正体は伏せてしまうでしょう……。

こんなふうに考えている人は、おそらく僕だけではないと思うので、そうした観点から考察すると、正体がわからない何人かの人間が、実は同一人物である可能性も考えられますね。もしかすると**トレイヴンは、ヤマジュンだった**ということもあり得なくないでしょう。

果たしてトレイヴンはヤマジュンなのでしょうか、それともヤマジュンが僕なのでしょうか。

しんあな！

◎トレイヴンの顔出しNGな気持ちはめちゃくちゃよくわかります
◎実はヤマジュンだった可能性もなきにしもあらずです

15 ハロウィンに現れた謎の大男

米・マサチューセッツ州のプロビンスタウンは、夏はビーチリゾートとして賑わうものの、秋になると訪れる人もなく、寂しげな雰囲気が漂うようになる町だった。そんな町で1939年10月。ハロウィンを目前に控えた日のこと、学校帰りの子どもたちが真っ黒な服とマントに身を包んだ恐ろしげな大男に次々と遭遇するようになった。草むらから飛び出てきたというその男は、大きな銀色の耳、青色に光る眼、恐ろしく高い身長で、人間とは思えぬほど速く走り、高く飛び跳ねたという。そして西の外れに現れた直後に東の外れで目撃されたことから、超人的な足の速さで移動する「ブラック・フラッシュ」と呼ばれ恐れられるようになった。

「逃げ足の速い〝のぞき魔〟じゃないか」「超能力を持った悪魔だ！」など諸説が流れたが、地元警察の本部長は市民を安心させるために「これはタチの悪いイタズラだ。私は犯人が誰なのかも知っている」「ブラック・フラッシュは死んで埋められた。心配するな」と発表した。

やがてブラック・フラッシュは目撃されなくなったが、警察には正体についての記録など残っておらず、本部長の発言は未だに謎だという。

ちなみに同年1月、同地域の海岸に全長10ｍもある巨大生物の死骸が打ち上げられ大騒ぎになっている。ハーバード大学の動物学者は「腐敗が進んだ鮫の死骸」と断定したが、そうは見えなかったという声が多い。また例年に比べ「犬に噛まれた」「猫が突然消えた」という報告が多かったという記録が残っており、町にとって魔の年だったと伝えられている。

キリンの考察

ハロウィンは日本でいうところのお盆と同じ！

ハロウィンはもともと、夏の終わりに秋の収穫を祝うとともに悪霊を追い払う宗教的な行事としてヨーロッパの古代ケルト人の間で行われていたお祭りです。

またケルトの暦では10月31日が一年の終わりにあたり、死者の魂が家族のもとへ戻ってくる日としても信じられています。日本でいうところの「お盆」みたいな感じでしょうか。

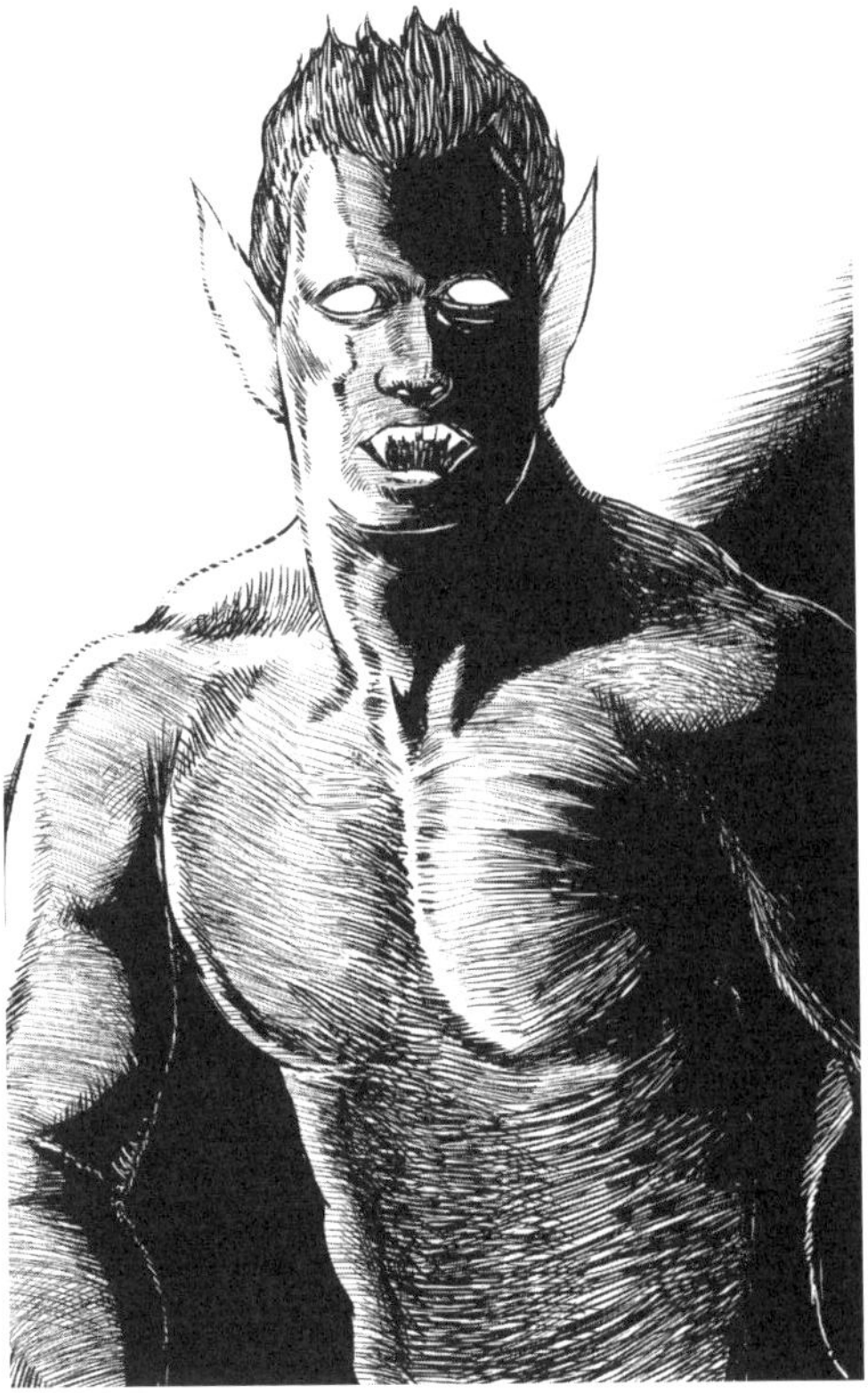

しかしその際、死者の魂に悪霊がくっついて帰ってきてしまうと考えられていて、そんな悪霊たちに人間だと気づかれないように仮装したり、

カボチャをくりぬいて火を灯したりして身を守ったそうで、現代ではその仮装の習慣だけがパーティピーポー的に大騒ぎに発展しているわけです。特に日本は7月と8月、既に死者たちが現世に戻ってきて、また黄泉の国に帰ってしまっているので、10月31日なんて全然関係なし、まさしく「後の祭り」というところです。

でも、お盆の時期になるとテレビでお化けの怖い話が特集されたりするので、そのあたりはハロウィンと同じで、先祖の魂に悪霊がくっついてくるのかもしれません。

警察本部長が怪しい！
正体は彼で決定

そんなハロウィンの起源をしっかり知っておくと「ブラック・フラッシュ」は数々の怪奇現象を引き起こす悪霊だと考察できますね。

でもこういう類の謎の怪人って、どこの国にも必ず一体はいますよね。

日本の都市伝説でいうと、赤い服と赤い帽子を身につけた長い髪でおなじみの「アクロバティックサラサラ」あたり。人知を超えた身体能力を持っているあたりがブラック・フラッシュと被るので、何か意味深な共通点があるのかもしれません。

しかし僕は、ブラック・フラッシュは怪人などではなく、**その正体は警察の本部長で間違いない**と思っています。

決め手は2つです。

まず、アメリカの警察の制服はほぼ黒に近い紺色なので、全身黒ずくめと間違われてもおかしくないということ。次に、本部長クラスになると身体能力がものすごいので、飛んだり跳ねたり瞬間移動くらいできても何ら不思議ではありません。

では本部長が犯行に及んだ動機とは？　この本部長、実は長年にわたって自分がロリコンであることを悩み続けていました。特にハロウィンの時期は、子どもたちが町に大勢繰り出してくるので「触りたい！」「撫でまわしたい！」という性的衝動を理性で封じ込めることに多大なエネルギーを費やしていました。

しかし、とうとうその理性が限界を迎えてしまったのが1939年。

「このままじゃヤバい」と感じた本部長は、市民の面前で「ブラック・フラッシュは死んで埋められた」と、あえて発表しました。つまりこれは、**「本部長の中のロリコン趣味を殺した」という意味だった**のです！

あの不気味な容姿は、本部長のハロウィン用の仮装でしょう。きっと最後の思い出に不審者になりきって町に繰り出したために、興奮して超人的な力を発揮したに違いありません。そして思う存分不審者ムーブを楽しんで気が済んだことにより本部長のロリコン趣味抹殺計画は成功し、以来まっとうな社会生活を送れるようになったと思います。だってもうあの怪人は出現しなくなったのですから。

ですから、10m級巨大生物の死骸も鮫ではありません。

それはおそらく**本部長が、自宅の押し入れに眠っていた大量のロリコングッズを深夜に燃やした結果、その燃えカスが10m級になった**というだけの話だと思います。

そして「犬に噛まれた」「猫が消えた」といった報告は、これは完全にたまたまです！　知らんけど。

◎「ブラック・フラッシュ」の中身は警察本部長で確定
◎「ブラックフラッシュは死んだ」は「本部長のロリコンが治った」の意

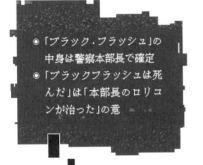

16

寝ている間に髪の毛を奪っていく理髪師

１９４２年6月、米・ミシシッピ州パスカグーラで真夜中に何者かが住宅に侵入し、寝ている住民の髪の毛を切って持ち去るという恐ろしくも奇妙な事件が発生した。何も盗まず、暴行などの危害も一切加えず、ただ髪を切り持っていく。被害者は若い金髪女性が多かった。

最初の被害者は、聖母教会の若い修道女2人。続いて、6歳の少女が標的となった。少女の家には犯人の足跡が残されており、警察は３００ドルの報酬を提示して情報提供を呼びかけ、優れた警察犬を使って犯人の足取りを掴もうともした。しかし手がかりはまったく掴めず犯行は重なっていき、犯人はいつしか「ファントム理髪師」と呼ばれるようになった。

そして、ある夜。家に侵入した男から就寝中の夫婦が暴行されるという事件が発生。夫人は歯を折られる大怪我をし、夫も金属製の棒で全身を殴られ重傷を負った。

2か月後、薬剤師をしているウィリアム・A・ドーランという男が殺人未遂の容疑で逮捕されると、「ファントム理髪師事件」も起こらなくなったのだ。警察は、ドーランが犯人だと断定したが、本人は「自分ではない」と完全否定。裁判官も殺人未遂の容疑のみで彼を裁き、有罪とした。ならば「ファントム理髪師」は一体誰だったのか。何のために髪の毛を切り、その髪で何をしていたのか。そして、なぜ捕まらなかったのか。すべては謎のままである。

キリンの考察

犯人の尋常ならざる髪の毛への執着。鍵はそこにある

この理髪師のように、ターゲットが偏っている殺人事件というのは過去にも数多く発生しています。

例えば、若い女性を30人以上手にかけた連続殺人鬼、我らがテッド・バンディ。

幼い黒人ばかりを狙ったシリアルキラー、ウェイン・ウィリアムズ。

また「女性の髪を洗いたい」という性癖がこじれた結果、殺人まで犯してしまったルイジ・ロンギという人物もいます。

僕はこの「ファントム」理髪師の犯行は、自身の性癖を抑えきれずに行ってしまったものだと考察しています。しかしそれは女性の髪の毛に性的魅力を感じていたのではなく、**ある意味で必然にかられた犯行だったのではないかと思うんです。**

なぜなら他人の髪の毛を入手したいと考える理由は、オリジナルの植毛法にトライしたいか、オリジナルかつらを製作したいかのどちらかしかないからです。つまり、犯人はハゲだということになります。

しかしどちらもなかなかうまくいかず、おまけに**犯行中に最後の一本毛が抜けてしまった瞬間、ふと心の糸が切れて、目の前にいた夫妻に八つ当たりしてしまったのです。**

状況を見ると、犯人にはかなりのストレスがかかっていたことがわかります。でも僕がこの犯人にただ一つ言いたいのは、この言葉です。

「ストレスがいちばんハゲに悪いですよ!!!」

17 実在しない人の自叙伝がベストセラーになった話

全てがフィクションだった、「世にも不憫な少年の実話」

1993年、アンソニー・ジョンソン（通称トニー）という15歳の少年の自叙伝が出版された。

トニーは幼い頃に両親から激しい虐待に遭い、耐え切れず家出をした後は、ヴィッキー・ジョンソンというソーシャルワーカーをしていた女性に養子として引き取られた。しかし、その後もエイズや脳卒中に苦しんだり、手術で足を切断するはめになったりと、次から次へと困難が立ちはだかっていったのだ。

この本は大きな反響を呼び、ベストセラーになった上、テレビの特番でも取り上げられることとなる。

ところが……話題が大きくなるにつれ、読者や視聴者の間から「ヴィッキー以外誰もトニーに会ったことがないのはなぜか」という疑問が浮上し始めた。これに対しヴィッキーは、トニーは病気のため人前には出られないからと説明していた。

追い詰められたヴィッキーは2006年、あるニュース番組でトニーの写真を公開するも、墓穴を掘ることに。というのも視聴者の一人が、写真に写っている男の子はヴィッキーが学校で教師をしていた時の「スティーブ」という教え子であると見破ってしまったのだ。結局「トニー少年」は、すべて作り話だったというのが、この騒動の真実である。

キリンの考察

ヴィッキーさんはYouTuberに向いていると思います

フィクションにもかかわらずここまで数多くの人を信じ込ませるのがすごいなぁと思ってしまいますね。もし彼女が作家だったら、天才ヒットメーカーになっていたでしょう。

いや、でもそれはなかったでしょう。なぜならこの話にはドキュメントとしての「リアリティ」があったからこそ、多くの人の関心と同情を惹き、広まっていったからです。

ですからヴィッキーが、ただ原稿用紙にトニーの物語を綴っても、作家として成功することはできなかったと思います。この手のストーリーはどこにもあるし、特に韓流ドラマの題材になりそうなテーマですよね。

それでも、他人の心を強く惹きつける「悲劇」を創作したことは間違いありません。それにしてもヴィッキーはなぜ、こんな作り話を出版したのでしょうか。ベストセラーになったわけですから、印税も相当入ったと思います。しかし果たして、目的はお金だけなのか？　ヴィッキーの前職が教師ということから考察すると、**学校で生徒にいじめられてメンヘラになり、辞職したという可能性もありそうです。**そしてメンヘラから一歩進んで、サイコパスになっていたのかもしれません。

とはいえ、このような物語は「スカッと系体験談」というジャンルに分類され、YouTubeではかなり需要があります。**ヴィッキーさんにはぜひ、YouTuberとしてのデビューを真剣に考えてもらいたい**ですね。

18 謎多きビットコイン創始者「サトシ・ナカモト」の正体

2008年、インターネット上でビットコイン（BTC）の仕組みの基となるアイデアをまとめた論文が発表された。その作者がサトシ・ナカモト氏である。論文は話題を呼び、2009年にはナカモト氏の指揮でBTCのプロトコルとマイニングのできるシステムが開発されたといわれている。

BTCによって投資の仕組みは大きく変わった。そしてサトシ・ナカモト氏は2016年度のノーベル経済学賞にもノミネートされたという。

しかし、ナカモト氏は管理権限を譲り渡し、表舞台から姿を消してしまう。世紀の発明をした人物にもかかわらず、サトシ・ナカモト氏が公式に姿を見せたことは一度もなく、ビットコイン開発メンバーもオンライン上で言葉を交わしただけだったそうだ。日本人らしい名前ではあるものの、本名かどうかもわからない。そしてナカモト氏は2010年に一線を退いてから消息不明となっている。ナカモト氏は論文と仕事上のやりとりでしか記録を残していないため、特定できる資料はほとんどない。

そこまで徹底して彼が自身の素性を明かさなかったのは、ビットコインの流通を懸念してのことだったとの説もある。また中央集権的なシステムを作らないよう、開発者を匿名的にしたのだなどの臆測もされているが、真相は闇の中。

ナカモト問題に急展開。正体はオーストラリア人!?

しかし2015年12月。米誌『WIRED』が「サトシ・ナカモトの正体は44歳のオーストラリア人で、暗号専門家のクレイグ・スティーブ・ライトという人の偽名だ」と発表。記事によると、リークされた文書にはライト博士と弁護士のやりとりが含まれており、ライト博士はその中で「自分が2009年以来ビットコインを運営してきた事実を精一杯隠してきた」「最終的にはどうせ世界の半分には知られるだろう」などと発言しているという。

しかし記事公開後まもなく、ライト博士のブログと鍵つきのツイッター・アカウントは削除され、手がかりは再び消えてしまった。ウェブ上に残っているプロフィールによると、ライト博士は「代替通貨」を専門に扱うシドニーの「デモルガン」社の経営者となっている。

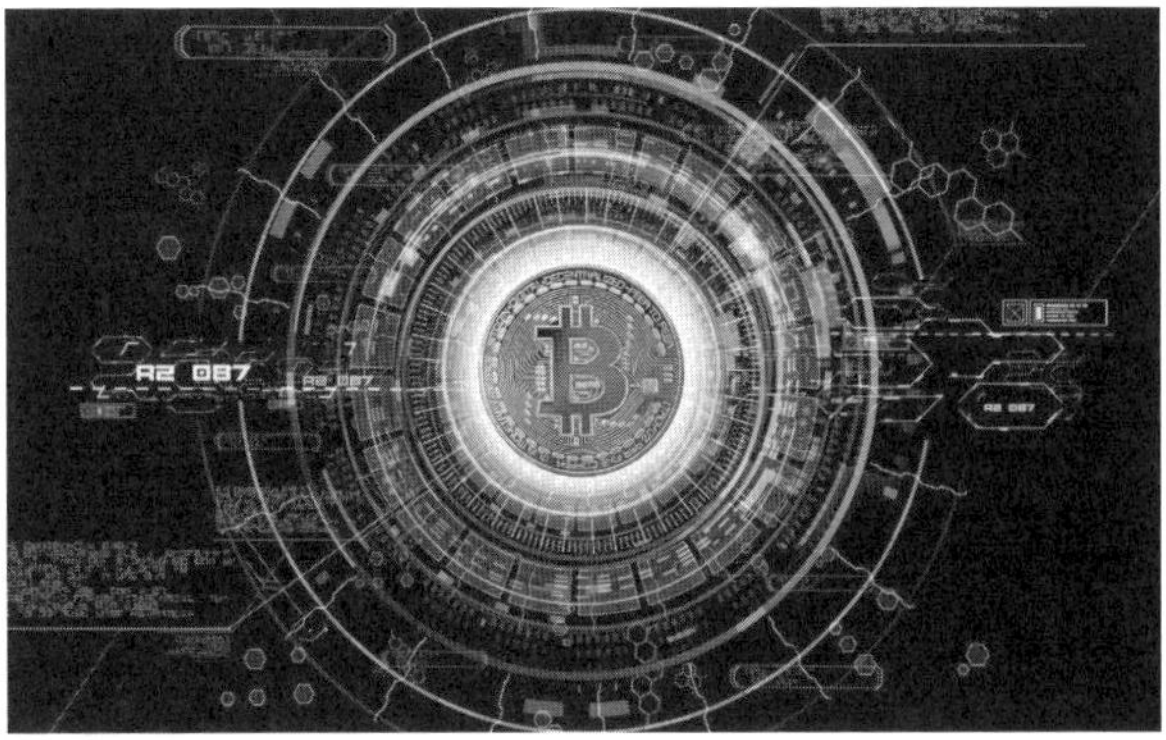

『WIRED』誌は後日「流出した文書の真偽は未確認で、すべて、あるいは一部が偽造という可能性はある」と認めた上で、「しかし、もしライト博士がナカモトとの繋がりを偽造しようとしているなら、そのまかせはビットコインと同じくらい大胆なものだ」という声明を発表している。

記事の内容や掲載された証拠にはかなりの説得力があり、これまで「サトシ・ナカモト」の真相を解明しようとしてきた人々がつまずいてきた穴をいくつも埋めている。

しかし、ライト博士が雲隠れしてしまった今、真相を暴くことは難しいかもしれない。

キリンの考察

彼の正体は未だ不明。
既にこの世にいないかも

サトシ・ナカモトについては、他にもさまざまな推測があります。ひとつは、天才コンピュータサイエンティストとして世界的に有名な「金子勇」説。技術的にはＢＴＣを考案してもおかしくない人物だったものの、２０１３年に急死した人物です。

またアメリカでは以前、かの有名な『ニューズウィーク』（ＮＷ）誌がサトシ・ナカモトに関する大スクープを報道し、実はこれが大間違いだった、ということもありました。この時に名指しされたのがドリアン・ナカモト氏という人物で、出生時の名前が「サトシ」だったので勘違いされてしまったようです。ドリアン氏はロサンゼルス近郊居住の64歳の日系米国人男性で「記事のせいで生活が大混乱に陥った」として、同誌を訴えたそうです。そりゃそうですよね、訴えて当然です。でも**ドリアンというファーストネームはいかがなものでしょうか……。**

サイバーセキュリティで有名な「ジョン・マカフィー」も、ナカモト氏の正体を知っていると公言しています。彼は「Satoshin」というユーザーからメールを受け取り、ナカモト氏とは複数の人物によるチームであった可能性を示しているのですが、いずれも決定的証拠はなく、新説が増える一方という状態のようです。そもそもＢＴＣは、複雑な暗号プロトコルと、どのコインを誰が使ったかを管理・認証する世界的なコンピューター・ネットワークからなる仮想通貨です。誰がＢＴＣを使用したのか、その記録を辿るのも極めて困難な匿名性ゆえに、犯罪活動によく使われてしまうのですが、ＢＴＣの発明者もまたその仕組みと同じくらい、辿り着くのが困難だと言われています。

さてサトシ・ナカモト＝ライト博

士であるという記事の要点をもう少し詳しく紹介すると、以下の内容になっています。

◉ライト博士はビットコイン運用開始のかなり前に掲載した複数のブログ記事で、疑似通貨開発について専門家の助言を求めている
◉「サトシ・ナカモト」を名乗る人物に関係する暗号パスワードを使って、自分にメールを送るよう呼びかけている
◉ビットコイン開始を発表する投稿は後に削除され、「一番うまい隠れ方は誰もが見える場所にいること」と代わりに書いている
◉自身でも大量のBTCを所有し、その一部をビットコイン銀行設置に投資したと思われる会話や記録の入手にNW誌が成功した

そして僕的にはちょっと心配なことがあります。サトシ・ナカモトが所有するBTCは、実に1兆円超えといわれているのですが、彼の活動が途絶えて以降、まったく動いていないことがわかっているのです。なのでサトシ・ナカモトは、**既にこの世にはいないのではないでしょうか。**この巨額のBTCが動くことがあるとすれば、その時にサトシ・ナカモトの正体が明らかになるかもしれません。

◎サトシ・ナカモトはとっくにこの世にいない
◎ドリアン・ナカモトはこの世にいる

キリン10の秘密

その3 YouTuberの一日

僕は基本的に行き当たりばったりの生活をしているので、毎日の生活リズムは決まっていません。適当な時間に起きて、限界まで作業をして、限界が来たら寝て、適当な時間に起きて……の繰り返し。そんな中でめちゃくちゃ大事にしているのが「睡眠時間」で、締め切りのある仕事がない限りは目覚ましを設定することなく、自然に目覚めるまで爆睡しています。でも夜中のほうが落ち着いて作業しやすいので、基本は夜型の生活になっています。

普段は朝まで作業して昼過ぎに起きることが多いです。撮影ペースが遅れている時はエナジードリンクがぶ飲みして、昼過ぎまで作業していることも多いです。シャワーも浴びずにずっとカンペを作って、撮影が終わった時には仮面のせいで顔全体がギットギトになってることもしばしば……（笑）。

特に休日は設定せず、用事がなければ常にYouTube関連の作業をしているので、公務員やサラリーマンよりブラックな仕事と言えるでしょう！　でもこれはYouTuberあるある。やろうと思えば無限にやることがあるので、作業が途切れることは基本的にありません。

僕の場合は事務所に所属しているわけでもなく、動画制作以外の作業はすべて一人でやっているので、企業案件などの対応や経理、資金管理など地味な作業も意外とあったりします。せっかく多くの人に見てもらえる恵まれた環境にあるので、本当はもっと動画の内容にもこだわりたいし、生配信やその他SNSの活動、普段の動画とは違った活動もやりたい！　しかしなかなか全部できない状況が続いているので、そろそろ影分身の修行を始めようと思ってたりもします。

一つのことをやりだしたら他のことが手につかなくなってしまうので、趣味という趣味があまりないのですが、一時期「自炊」にハマっていた時期がありました。料理系YouTuberさんの動画を真似して料理したり、無駄に調理器具を買い揃えたりもしていましたが、最近はあまりできていないので時間に余裕があるときにマイペースに自炊を楽しんで……と思いつつも最近の食事は時短のため、ほとんどウーバーイーツで済ませています。

また書籍の執筆についてはかなり時間がかかるた

め、動画制作の合間にちょこちょこ進めているのですが、特にコラムの執筆は自分のことを思いっきり表現する貴重な機会なのでとても楽しく、いい息抜きになっています。

その4 キリンの本当の性格

僕が動画でしゃべっている内容は、事前に文字起こしをしてカンペを丸読みしているというのが基本です。「賢者タイム」と呼ばれるフリートークのパートもありますが、それだけで僕の性格を把握するのはなかなか難しいのではないでしょうか。

僕の性格はというと、絶望的にマイペースです。仕事の仕方もそうですが、プライベートでも昔から遅刻癖があり、悪いとわかっていながらも高確率で遅刻してしまいます。そして笑ってごまかすタイプです。逆に相手が遅刻した場合は、次に自分が遅刻しても許される貯金ができた気がして喜んでしまいます。ですが、時間を守れない男は童貞も守れないと思うので、今後は気をつけたいと思います〜！

あとこれは性格と言っていいのかわかりませんが、僕はワーキングメモリの容量が小さいみたいです。ワーキングメモリとは脳が情報を一時的に処理するための作業机のようなものなのですが、僕の場合は一度に多くの情報を処理することができません。

マルチタスクもすごく苦手で、同時並行して複数の作業をしたり、グループでの会話が苦手です。そのおかげで仕事ではうっかりミスが多くなってしまったり、グループでの会話では相手の意図が汲み取れないことから「うっかり屋」だの「天然」と言われたりと、性格的な評価にも大きく関わってきます。

1対1で会話する際は特に問題はないのですが、他のことを考えていたりすると相手の話を上の空で聞いていることがあります。逆に言うと、情報処理能力自体にはさほど問題がない（と思う）ので、一つのことに集中できる環境では能力を発揮することができます。目的がはっきりしている1対1の商談なんかも得意です。こうした性格が、孤独なYouTuberを続けられている理由でもあり、組織に身を置くことが苦手だったことでYouTuberに流れ着いた理由でもあるように思えます。

以前は衝動的な面も今よりもあったことから「ADHD」（注意欠陥多動性障害）を疑い、簡易的な検査を受けたこともありますが、違ったようです。それでも似たような傾向はあるのではないかと自分では思っています。

いいところを少しだけ話すと、プライベートでは人見知りさえ発揮しなければ、人当たりは悪くないほうではないかと思われます。また、大勢でわいわいするのも好きですが、消耗が激しいのでたまにでいいかという感じ。基本的には「ひとり行動」が大好きです。

第3章

世を惑わす悪の魂

19

6体の悪魔に憑かれた少女の悲劇

1952年、ドイツのバイエルン地方のカトリック信徒の家庭に、アンネリーゼという少女が誕生。

しかし16歳の時に「癲癇（てんかん）」と診断され、話すことや歩くことが困難になり、「壁を叩くような音が聞こえて地獄からの声を聞いた」と訴えるようになった。大学に進学してからは、十字架などに対する嫌悪、幻聴、抑うつ症状が表れはじめ、自宅療養を余儀なくされた。

そしてある日の夕食の時、彼女の母親は彼女の右手が異様に大きくなっている事に気づく。さらに、壁のところに悪魔たちの顔が見え、彼らは7つの冠と7つの角があるとその様子を周囲に伝えた。それからアンネリーゼは、見えない力で何度も床にあお向けに投げつけられるようになっていく。家族や彼女の友人は悪魔が憑依したと確信した。

悪魔祓いを依頼されたのはアルト神父。初めは信じておらず、医療機関に通うよう勧め、複数の医師に診察させたが「癲癇に似ているが不明なもの」と診断され、医師の数人は悪魔憑きと認めたという。

アルト神父は、仲間のレント神父とともに声を出さず、十字を切りもせず、ただ心の中で「彼女から離れよ、名を名乗れ」と念じる試験的なエクソシズムを実施したところ、アンネリーゼはすぐさま反応し、ロザリオを引きちぎって叫び始めた。はたして神父らは彼女が悪魔憑きであると確信したのだった。

世界の名だたる悪霊が少女の中に結集していた！

1975年9月、憑いている悪魔に名乗って正体を現すよう神父が命じたところ、堕天使ルシファー、旧

約聖書にある弟を殺したカイン、イエスキリストを裏切ったユダ、キリスト教徒を迫害した皇帝ネロ、堕落した司祭フライシュマン、ナチス総統のアドルフ・ヒトラーと判明。

悪魔祓いの際は、実にさまざまな現象が起こった。ある時アンネリーゼは聖水の入った缶をアルト神父に投げつたが、それはしばらく空中で留まり床に落ちた。ある時は彼女が水の入ったコップを蹴り飛ばしたのに水はまったくこぼれなかった。また悪魔は彼女を支配し、壁に叩きつけ、石をかじらせるなど異常な行動をさせ、美しかった彼女の顔は傷とアザだらけになったという。

それから3か月後の１９７５年12月に、転機が訪れる。アンネリーゼのボーイフレンドのペーターが、彼女をドライブ旅行に誘って公園を歩いていた際、彼女の前に聖母マリアが出現。「地獄に堕ちたおびただしい数の霊魂を救うため、あなたの体に悪霊に憑かせ、自らを犠牲に捧げる覚悟はありますか」と、彼女に尋ねてきたのだ。アンネリーゼは３日間ひどく悩み、最終的に聖母マリアからの要請を受け入れた。

その後12月31日に行われた悪魔祓いで、聖母マリアが「私が彼らを追い払うでしょう」と予告したとおり、悪魔たちは「彼女が来ている！」と大声を上げ始め、激しく抵抗しながらも彼女の体から離れた。

しかし、安堵と喜びの空気が広がったのも束の間。10分後に彼女は再び悪魔の唸り声を上げ始めた。その後容態は悪化し、１９７６年7月１日にアンネリーゼはこの世を去った。

キリンの考察

悪魔同士うまくやれてたのかが気になります

この話、癲癇の症状と投薬治療の副作用だったと結論づけている識者が非常に多いんですよね。理由は、アンネリーゼがこの世を去ってから2年後に、治療を行わず悪魔祓いに頼ったせいで彼女は死亡したということでアルト神父とレント神父、そしてアンネリーゼの両親が裁判にかけられたからだと思います。

　でも、これが正真正銘の悪魔憑きだったと考察したらどうでしょう。なぜアンネリーゼにだけ、こんなにたくさんの悪魔が憑いてしまったのか。そこが気になりますよね。

　一説によると、彼女の母親が住んでいた家の隣に住む嫉妬深い隣人が、何かの魔術によってアンネリーゼの母親を呪ったためだとか。その隣人は既に亡くなっていたので、誰もその事実を確かめられなかったそうですが、呪いをかけられるほどの隣人トラブルってどんな内容なのでしょうか。今もそうですが、庭の木の枝が敷地内に1本入っていたとか、一度だけ挨拶を無視されたとか、**些細なことが恨みを買ってしまう**ことってありがちなので、僕は仮面を被って静かに生きていきたいです。

　それにしても、聖母マリア様って**予想外の冷酷サイコ**だと思いませんか？　いたいけな少女を「悪魔のいけにえ」に差し出すとは！　しかし悩んでいた3日間だけアンネリーゼの体は健康に戻り、悪魔は変わらず憑いていたものの、以前と同じように元気に歩けるようになり、学校の期末試験も受けられたというのです

から、これぞまさに「奇跡」、「慈悲」としか言いようがありません。

そしてこのお話の最もすごいポイントは、**アンネリーゼに憑いた6体の悪魔のネームバリュー**です。とにかく錚々たるメンバーなので、よく集まったなと感心してしまいます。悪魔界でもかなりの大事件なのではないでしょうか。一度、そんな6人のメンバーがマリア様の存在に恐れおののいたようですが、10分後にはまた戻ってきていますよね。これはアンネリーゼがとり憑かれながらも**「このメンバー、すっげえな!」**と感動を禁じ得ず、自らの意思で呼び戻したのではないでしょうか。離れるには惜しい人たちばかりだし、聞いてみたいこともありますよね。

実は、この僕の考察を裏づけるような出来事も発生しているのです。

悪魔たちは彼女の口を借りて、地獄のことや霊魂のことなどについて語ったそうで、その内容は「悪魔の返答」という書籍になっているんです。ちなみにアンネリーゼの体験は「エミリー・ローズ」というタイトルで映画化されています。

それから、**悪魔同士ちゃんと関係性を保つことができたのか**という点。きちんとシフトを組んで日替わりで担当を決め、日曜を休日にすればもうちょっとうまく回せたような気がします。

◎ マリア様が怪しい。本当の味方ならそんな提案はしなそう
◎ 取り憑いていた悪魔がビッグネームだらけで離れるのが惜しくなる気持ちはわかる

20

他殺、自殺事件が絶えず起きる「死のホテル」

世界には数々の有名ホテルがあるが、ここまで怪事件で名を馳せたのは、米・ロサンゼルスにある「セシルホテル」しかないだろう。

女優志望のエリザベス・ショートが、真っ二つに切断された遺体で発見されたのは、ホテルから8ブロック離れた草むらだった。彼女は死ぬ間際、このホテルのバーに足繁く通っていたことがわかっている。

「ナイトストーカー」と呼ばれていた連続殺人犯リチャード・ラミレスはこのホテルを活動拠点にして13人を殺害。彼は19階の1日14ドルの部屋に滞在し、ロサンゼルス近郊での強姦殺人を繰り返した。

生涯で10人以上を殺害したオーストリア人の連続殺人犯ジャック・ウンターヴェーゲルはこのラミレスに憧れ、1991年にアメリカを訪れた際にこのホテルにわざわざ滞在し、ホテルの客室内で3人の売春婦を絞殺、近くに遺棄した。

女子大生は貯水タンクに落ちたのか、飛び込んだのか

さらには飛び降り自殺も多発しており、ホテルはある時から室内の窓をすべて「はめ殺し」に替えた。

そして2013年2月、都市伝説や考察話では有名すぎる事件が起きる。宿泊客が水道のにごりと異常な味を訴えたため、屋上の貯水タンクを調べたところ、全裸の女性の腐乱死体を発見。すぐにカナダから観光に来ていた21歳の女子大生「エリサ・ラム」だと判明した。

彼女の最後の消息は、ホテルのエレベーターの防犯カメラで撮影された姿。ニュースで繰り返し流されたた挙動不審な様子は「追っ手から逃げようと焦っている」ように見えた。

問題の屋上には従業員のみ開閉できる施錠されたドアがあり、侵入防止アラームが付いている。誰もが、彼女はホテルに潜む殺人鬼に殺害され、タンクに捨てられたのだと思った。

しかし遺体発見から4か月後、ロサンゼルス市警はこの一件を「事故死」と断定。外傷も毒物も暴行の痕跡もなく、彼女には躁うつ病の持病があることがわかったからだ。

既に捜査は終了しているものの、「小柄な女性が1人で鍵のかかったホテルの屋上に行き、貯水タンクの蓋をこじ開けて全裸で飛び込んだ」という結論はにわかには信じがたく、ネットではこのミステリーを解明しようと多くの人が未だ考察を続けている。中には防犯カメラの記録時刻の進みが実際の時間とずれているため、公開されたビデオの改ざんの可能性を指摘する声もあるが、真相はわからない。

ちなみに「セシルホテル」は現在も営業しているが、隣に別名のホテルが建設されているものの、入り口が異なるだけで中は繋がっており、一つのホテルになっている。ただし物見遊山で泊まりに行くのは考えものだ。なぜならこの地区の治安はホテル以上に悪いからだ。

キリンの考察

不審者の巣窟と化してしまったホテルの悲劇

セシルホテルでは古くは１９３１年から**少なくともこれまでに10人以上の人間が客室内で殺害されている**そうです。そして１９８４年にもホテルの地下で、９歳のアジア系少女の遺体が発見されていますが、２００９年のＤＮＡ鑑定の結果、有名なナイトストーカー、リチャード・ラミレスの最初の犠牲者だったことも判明しています。ラミレスは「血まみれの服をその辺のゴミ箱に投げ捨てても誰も気にしない」、この地区の雰囲気が気に入っていたそうです。

というか、これだけ事件が起きているのに**未だ平然と営業しているホテルのオーナーの存在が、一番の狂気**でしょう。マジでメンタル大丈夫なのでしょうか。飛び降り自殺防止のために窓を塞いだくらいで、後はどんな対策を取ってきたのか気になるところ。僕なら、ホテルの名前を変えてリスタートしますけどね。

ホテルセシルは１９２７年、アール・デコ調の優美なエントランスを構えた高級ビジネスマン向けのホテルとして開業しました。客室は７００室を誇り、当時はかなり話題になったそうです。しかし第二次大戦後に主要銀行がこの地区から転出したことをきっかけに、セシルを常宿にしていた客が離れたため、一部を労働者向けの簡易宿にリニューアルしたのですが、これがガラの悪い客を集める結果となり、現在のような「得体の知れない人間」の収容所と化してしまったようです。不運としか言いようがありません。

　さて極めつけは、都市伝説好きなら誰でも知っているエリサ・ラムさんの事件。表面的な話だけを追ってみると心霊現象のように感じるのですが、実際は長年に渡り「双極性障害」により妄想に悩まされていたことを実姉が認めています。

　また、事件の数日前にラムさんと同部屋の客が彼女の奇行を理由に部屋を移動しているので、ラムさんの精神的な問題が引き起こした「事故」であると考えられますよね。

　しかし実は、テレビでは報道されなかった防犯カメラの未公開部分というものがあり、**その内容がかなり薄気味悪い**との噂もあります。僕らがYouTubeなどで閲覧した映像とはまた別のもののようで、ラムさんはまるでLSDなどの幻覚性のドラッグを摂取したような異常行動を取っているのですが、警察の発表では薬物の影響は指摘されていないのだとか。そうなると、心霊的な「事件」である可能性も捨てきれなくなってきます。

　もしかするとホテルの地下に悪魔が潜んでいたりして……。

◉ オーナーのメンタル大丈夫？
◉ あまりのヤバさに「きっとバンティー」……ではなくテッド・バンディの映画製作者が、ネットフリックスでドラマを制作してしまいました。
◉ 地下に悪魔がいる!?

21

幽霊が出るかどうかを争った裁判

2008年。埼玉県某市にあるラーメン屋の男性店主が、店舗の大家を相手取って損害賠償訴訟を起こした。訴状の内容は、「客や知人から、この店舗に幽霊が出ることを聞き、自分自身も白い影を見たり、無人なのに足音を聞いたり、奇怪な現象に逢った。契約の時に幽霊の話は聞いていないし、聞いていたら契約しなかった。敷金や礼金などの契約書経費と慰謝料、諸々含めて502万円払ってほしい」というものだった。

このいわくつきの店舗兼住宅は、もともと大家が長男のレストラン開業のために新築したのだが数年後に長男が交通事故で死亡。妻や子どもも出ていって空き家になっていた。

その後、ある男がこの店舗で和食屋を開店したが、その頃から「幽霊が出る」という噂が流れており閉店。次に現店主がラーメン屋として開店したという。

判決はラーメン屋の店主の勝訴となったが、これは裁判所が幽霊の存在を認めたからではなく「幽霊が出る」という風評があることを告知していなかったという理由らしい。他にも幽霊の存在を認めた上で判決を言い渡した裁判もあるようだが、それらの情報はなぜかネットなどで調べてもほぼ見つからない。

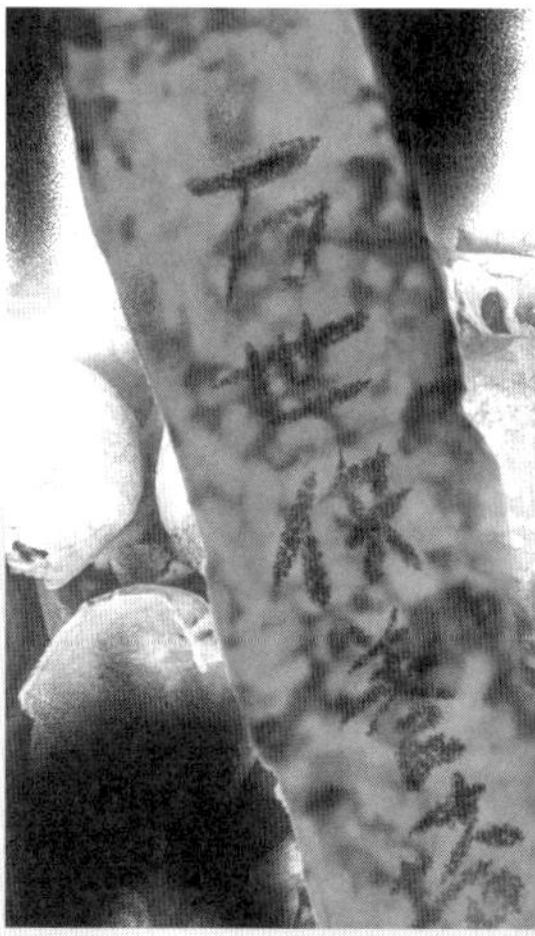

幽霊事件が多発する市では裁判で霊の存在を認定！

一方、神奈川県某市ではこの手の事件が絶えないという。市役所に勤める男性によると、「この地域にある簡易裁判所には、幽霊絡みの民事事件がたびたび持ち込まれている」のだとか。某市は歴史の古い町として有名で、心霊スポットと呼ばれる場所も多数あるのだが、そもそもその簡易裁判所自体も心霊スポットとして広く知られているのだ。

1953年、現在は裁判所とマンションが隣接して建築されている土地から、910体を超える人骨が発見され、1963年には敷地内に「万霊供養塔」（骨塚）が建立されている。そんな裁判所に「幽霊の仕業としか思えない事件」などの審理を求めてくる人は少なくない。

前出の市役所勤務の男性は一度、幽霊絡みの裁判を傍聴したことがあるという。

30代男性がK駅近くの部屋を借りたのだが、室内の物が勝手に動いたり飛んだりして眠れなくなり、そのうちに落ち武者のような男の幽霊も見えるようになってしまった。不動産屋や大家に言っても応じてくれないので裁判を起こすに至った。

部屋は「事故物件」ではないが、これまで借り主から同じような苦情は何回かあったと不動産屋と大家は認めているものの原因がわからず、これといった告知事項もないため何も説明せずに貸していたという。

争点は「本当に幽霊が出るのか」「本当にポルターガイストが起きているのか」というところに絞られた。そしてさまざまな検証の結果「ポルターガイストは幽霊の仕業である」ということが証明され、借り主の男性が勝訴したそうだ。

キリンの考察

霊を法的にどう扱うか
これはもう社会問題です！

ラーメン屋店主が起こした訴訟は当時、「裁判所が幽霊被害を認めるか？」という観点から相当話題になったようですが、公判や判決についての後追い情報はほぼ残っていません。その理由は、争点が「幽霊が出るという情報を、契約時にちゃんと原告（ラーメン屋の店主）に告知したか」という部分にあったからのようです。つまり裁判所は、幽霊の存在に関して実在するかどうかは審理せず、幽霊が出るという風評があることを、ちゃんと事前に告知したかどうかだけをハッキリさせようとしていた、というわけです。

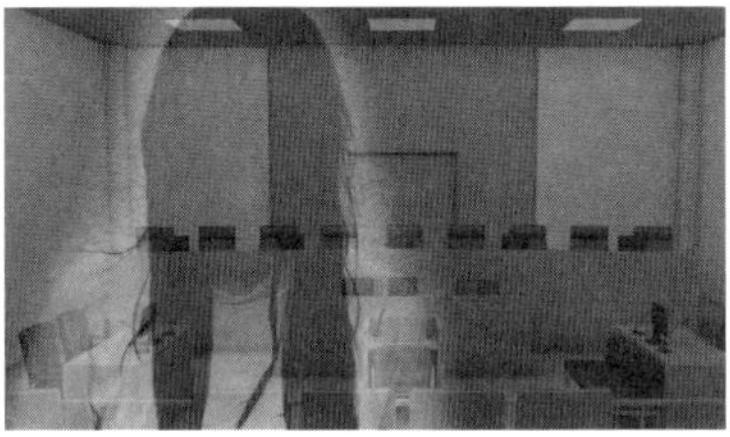

まぁそれも、無理もない話かもしれません。というのも、僕たち野次馬側としては「そもそもこの店舗兼住宅でかつて事件や死亡事故があったのか？」「その事実を不動産屋が隠していたのか？」という点が最も気になってしまうところなのですが、そうした事実や記述は発表されていないからです。

死亡事件や死亡事故、孤独死などが発生したいわゆる「事故物件」は、不動産業界では「心理的瑕《が》疵《し》物件」と呼ばれ、そうした重要事項についての説明義務はおよそ2年内でよい、という裁判の判例もあるようですが、借り主や買い主に事情を聞かれたら、何年経過していても説明をしなければならないというのが本当のところらしいです。例えば「この土地で500年前に合戦があってたくさん武士が死にましたよね？」とお客さんに質問された場合でも、きちんと調べて答えなくてはならないわけです。だとすると、不動産屋さんになるためには歴史も猛勉強しなくちゃならないと思います。

　このお話の中核は「心霊現象は公の場でどのように取り扱われるのか」という点にありますが、これについては前出の「6体の悪魔に憑かれた少女」の話の進化系というか現代版みたいな感じがします。

　しかも、このラーメン屋の店舗がある敷地内で、実際に人が亡くなったという事実があるのであれば「幽霊が出る」という話にも若干の信憑性が出てきますが、特に何もない土地なのに幽霊の風評が広まってしまうと、**ボーダーラインはどこにあるのかという判断がかなり難しくなってしまう**のではないでしょうか。

　いわくつきの店舗でないならば、誰か目撃者がいたから幽霊話が広まっていったと考えるのが自然です。ではなぜこの店舗に幽霊が出るのか？　ものすごく遡って調べたら、土地の歴史的に何か衝撃の事実が見つかるかもしれませんね。

　神奈川県の某所では幽霊裁判が多いらしいですが、それには幽霊サイドもかなり注目していると思うので、幽霊を見てみたいという方は幽霊裁判を傍聴するとよいのではないでしょうか。**おそらく高確率で傍聴席に幽霊が座っていると思います。**

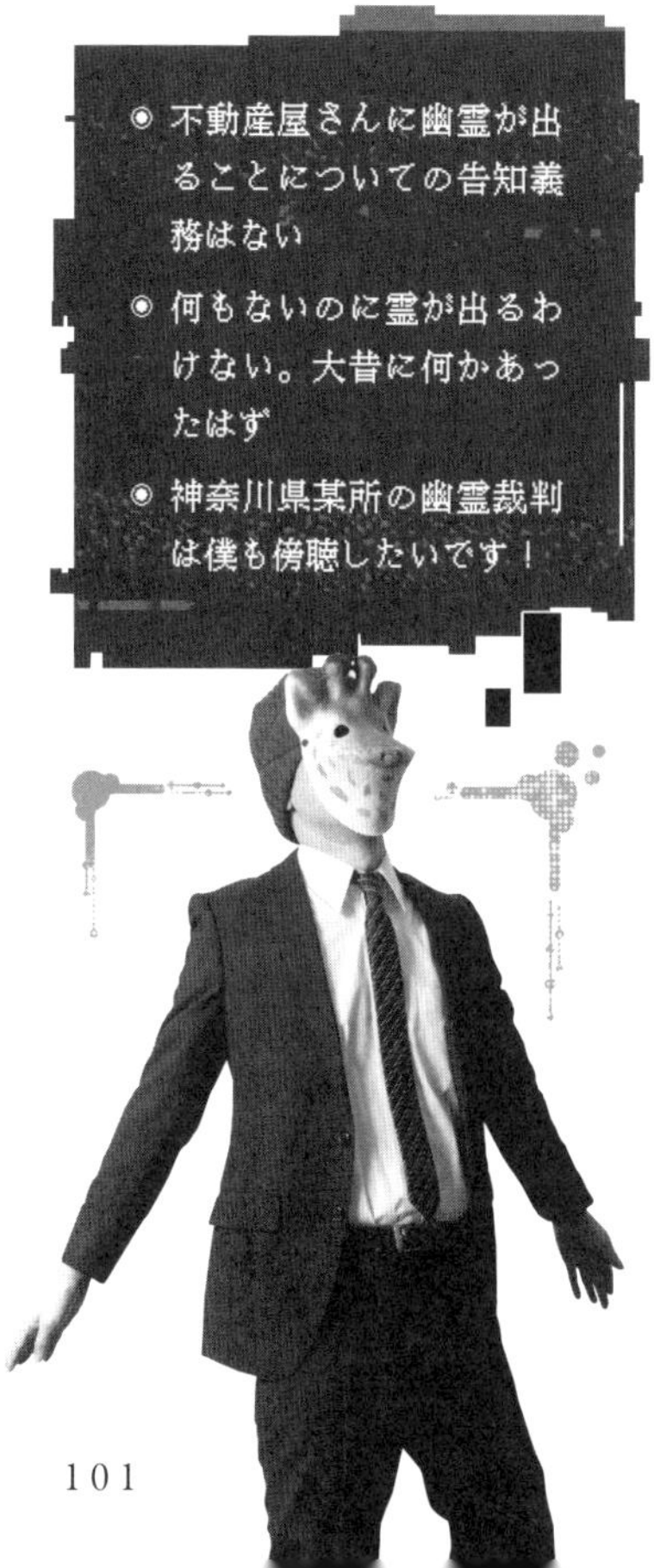
◉ 不動産屋さんに幽霊が出ることについての告知義務はない
◉ 何もないのに霊が出るわけない。大昔に何かあったはず
◉ 神奈川県某所の幽霊裁判は僕も傍聴したいです！

22 ポルターガイストが起こる岐阜県の団地

1999年、岐阜県の富加町に4億円の費用をかけて完成した4階建ての町営住宅で怪現象が起こっていることが、2000年秋に初めて報道された。この手の話を新聞やテレビといった大手メディアが大々的に報じるのは稀有なことである。

完成直後から、入居者たちは夜中に響く「ビシッ、バシッ、キーッという音」「ガラスビンが転がるような音、ノコギリで切るような音、金槌で叩くような音」「天井の上を誰かが歩いている音」といった怪音に悩まされていた。しかし、誰かに話せばバカにされると思い、当時の住人たちは口をつぐんでいたのだという。

だが2000年のお盆頃から音だけではなく、食器棚が勝手に開く、皿や茶碗が2mぐらい飛ぶ、シャワーや水道から水がひとりでに出る、勝手にテレビのチャンネルが替わるなど、常識では考えられないような怪現象が起こり始め、気が狂いそうになった住民の一人が団地の自治会長に相談したことからこの件は公になっていく。

101号室に住んでいた当時の自治会長は、自身も怪現象に悩まされていることもあって町役場に被害を訴えた。だが町の職員が連れてきた施工業者は、怪音は確認したものの「何の問題もない」と断言して帰っていった。

しかし怪現象はひどくなるばかり。困り果てた住民たちは祈祷師に「お祓い」を依頼する流れとなる。町営住宅の大家は富加町なので『祈祷費用』の助成を役場に求めたが、町は「政教分離の原則に反する」として、この申し出を拒否。住民たちは自費により祈祷を依頼した。

現在も物音が聞こえる。霊視ではまだ霊がいるとか

2000年10月、この顛末を地方紙が報じたところ、騒動が全国に知れ渡り、大手新聞社、雑誌記者、自称霊能者などが数多く富加町へ押し寄せてくるようになってしまった。

同年10月15日、最初の除霊が行われるも現象は収まらず。11月には、テレビでも有名な某霊能者が「ポルトガル人の宣教者がパンを欲しがって暴れている」と霊視した後、浄霊を行ったところ怪現象のすべてが収まったと報道された。

ところがしばらくすると、怪現象が再び起こり始め、またもさまざまな霊能者たちがこぞって「霊視」を始めたのだが、どれも異なる原因で収拾がつかず、騒動は徐々に鎮静化していった。

現在、岐阜の団地はどうなっているのか。2018年、ある雑誌記者が霊能者を伴って団地を訪れてみると、怪現象のあった部屋のほとんどは空室になっていた。記者は、その中でも特に怪異の多かった4階の2部屋へ向かったところ、空室であるにもかかわらず、室内から「ドンドン」「パキッ」「ミシッ」という怪音とともに、食器をガチャガチャいじる生活音までが聞こえてきて、本当にゾッとしたと語る。

霊能者は、「人の形をした霊が多数住んでいますね。居住者がいなくなってくつろいでいるようです」と話したという。やはりあのポルターガイスト現象は、実際にあったのだろうか……。

キリンの考察

原因は集団催眠か、それとも"アレ"か?

この実話は、非常に興味深いですね。実際に報告されている被害がバラエティに富んでいます。

- ●コンセントに差し込んでいないドライヤーが勝手につく、シャワーが勝手に出る
- ●テレビが勝手についてチャンネルがどんどん切り替わる
- ●来訪者がいないのに玄関の鍵がガチャガチャ鳴る
- ●食器棚が突然開いて食器が飛び出してくる
- ●爆発音が壁の横方向に走っていく
- ●ベランダに出ると方位磁石がくるくる回る

こんなことが日常茶飯事起きていたら、そりゃあ建設した町を訴えたくもなりますよね。ちなみに被害が集中しているのが404号室と405号室ということで、この住民の女性が被害を大げさに吹聴したのではないか……という説が、後年有力になってきています。

しかし、数々の霊能者たちの霊視がまったく統一されていないというのも不思議な話。

- ●近くの川の向こうと団地のあるこちら側で、今も合戦が行われている
- ●30年前にこの地で自殺した女性の地縛霊が引き起こしている
- ●団地が建つ以前、この土地で自殺した30代くらいの女性の霊が怪異を呼び寄せている

とまぁ、全然違うわけで、結局は原因不明で解決に至らずという終焉を迎えているわけですが、それは一連の出来事を「心霊現象」だと決めつけたからではないでしょうか?

では他に考えられることは何かというと「集団催眠」です。女性の話によって、他の住民たちが集団催眠

にかかってしまい、団地全体で心霊現象が起きているかのような錯覚に陥ってしまったのではないでしょうか。集団催眠というのは世界各地で何度も起きていることで、日本では幽霊の噂が立っていたとある学校でひとりの生徒が倒れたことから、幽霊の話を信じていた他の生徒たちも次々と倒れてしまった、という実例があるほどです。ただ今回の場合は、怪奇現象がどれも具体的すぎるので、集団催眠という理由だけでは説明がつかないかもしれません。

　しかし僕は、様々な怪音、お皿が2m飛ぶ、シャワーから水がでる、ドライヤーがつく、テレビのチャンネルが変わるといった怪現象すべてに説明がつく「原因」を、とうとう突き止めました!

その原因とは「アレクサ」です。

住民たちは、当時まだ発売されたばかりのアレクサを導入したのですがまったく使いこなせず、家電のスマート化を一気に行ってしまったために次々と予測不可能な動きが出たもののITスキルもないので改善できず、幽霊による怪現象だと思ってしまったのです。これだとすべての疑問が片付きます。

　なお、怪現象が始まったのが2000年、アレクサ登場が2014年。**時期は全く重なりません……。**

◉ 心霊事件によくある、「集団催眠」が原因ではないか
◉ 住人たちが「アレクサ」を使いこなせなかったから起きた出来事。まあアレクサが発売されたのはその14年後だけど……

23

家族を見守りに、空の上からやってきた白い影

米・テキサス州に住む3児の母ノーマ・ヴィラさんは、10年前に愛する父レアンドロさんを失い、その後母親のテレサさんが末期の肺がんと診断され、余命半年と宣告された。ノーマさんは自宅で母親の看病を続けていたが、容体が悪化。疲弊したノーマさんは行き詰まり、看病の合い間に亡父へ語りかけることで安らぎを見出していた。

そんなある日、テレサさんが、終末医療について話し始めた。「母はもうすぐ逝ってしまう」という大きな悲しみに襲われたノーマさんは、気持ちを落ち着かせようと一旦話を止めて自室へ戻り、いつものように亡父へ語りかけていると、スマホに監視カメラからの通知が届いた。動体検知機能が何かを検知したのだ。最初は猫か何かの動物だと思ったが、なぜか直感的に「亡父ではないか」と思い直し、繰り返し映像を確認してみると、自宅のポーチエリアにあるスイングベンチに、白っぽい影のようなものが映り込んでいるのが見えた。母テレサさんに見せたところ「きっとお迎えに来てくれたのよ」と静かに微笑み、夫にも見せると「君のお父さんが大変な時に励ましに来てくれたんだよ」と言ってくれた。10年前に他界した父レアンドロさんは、生前スイングベントに腰かけて、外の景色を見ながら煙草を楽しんだり、ベンチに横になったりして寛ぐことが大好きだったそうだ。

母テレサさんはその3か月後に息を引き取ったが、亡父とともに、空の上からノーラさんを見守ってくれているに違いない。

キリンの考察

すごくイイ話。身内や先祖は大事にしたほうがいい

幽霊の話なのに、心がとてもほっこりしました。

僕は基本的に、幽霊とか妖怪の類は信じないというか、眉唾ものだと思っているのですが、生きている人の助けになる存在として登場する場合は肯定的に受け止めています。

「もしもいつもの電車に乗っていたら事故に巻き込まれているところだったけれど、今日は何となく乗りたくなくて1本見送ってしまった」といった感じの話、たまに耳にすることがあるのですが、これは確実に「虫の知らせ」という類のもので、では誰が知らせてくれたのかと言えばご先祖様の可能性大です。そういえばある仏教の宗派では「亡くなった身内は蝶などの虫になって帰ってくる」と考えられているらしいので、やはり虫＝先祖なのかもしれません。

しかし長年お墓参りしていなかったり、仏壇をほったらかしにしたりしていると「先祖が祟る」ともいわれているんですよね。そういえば心霊スポットと化した一軒家の廃墟には、**神棚と仏壇と遺影が置き去りにされているパターンが多い**ような気がします……。

でもこの「先祖の祟り」というのも、見方を変えれば「警告」や「メッセージ」とも取れるわけです。そもそも身内の不幸を願うご先祖様なんているのでしょうか？

本当は「私は気にしないけど三代前の人が手を合わせろって言ってます」「ここの地盤ヤバいから引っ越したほうがいいよ」（以上警告）、「できれば違うお経を読んでほしい」「食べられないけどスイーツ置いてくれ」（以上リクエスト）といったことを伝えたくて、ポルターガイスト現象を起こしたりなんだりしているような気がします。

このお話も基本的には、ノーマさんとお母さんを心配して亡き父親が出てきてくれた、という「ご先祖様系」なのですが……よく考えてみると、この「白い影」は顔が見えたわけでもないし、声が聞こえたのでもないわけですから、**お父さんじゃないかもしれないのです。**通りすがりの幽霊とか、その辺に立ち込めた靄とか、地球外生命体とか、悪魔とか、謎の生物だった可能性もゼロではありません。にもかかわらず、「お父さんに違いない」「夫が迎えに来てくれたのね」と希望的観測を述べるのはいかがなものでしょうか。

とはいえ、この白い影を10年前に亡くなったレアンドロさんだと解釈することで、看病に疲れたノーマさんの心も、辛い闘病生活に疲れたテレサさんの心も、救われたに違いありません。

それにしても遊びに来た幽霊が、ヒトラーじゃなくてマジよかった！

キリン10の秘密

その5 キリンの生き方

先ほどの「キリンの本当の性格」から繋がる話を、もう少ししたいと思います～。

前述したように、僕は一つの活動に没頭しがちで、一度没頭すると長期間他のことに手がつかなくなってしまうのですが、この性格にはメリットとデメリットがあります。メリットとしては、たとえばYouTubeを始めてから最初の3年間ほどは睡眠以外の24時間をすべて、YouTube活動に全集中できたことです。そのおかげでここまで続けてこられたわけですが、その代わりにYouTube活動以外のことについて完全に無頓着になってしまうというのがデメリットでした。身だしなみにまったく気を使わなくなったり、人と会わなくなってしまうので、たまに人と会うと会話の受け答えがわからなくなってうまくコミュ

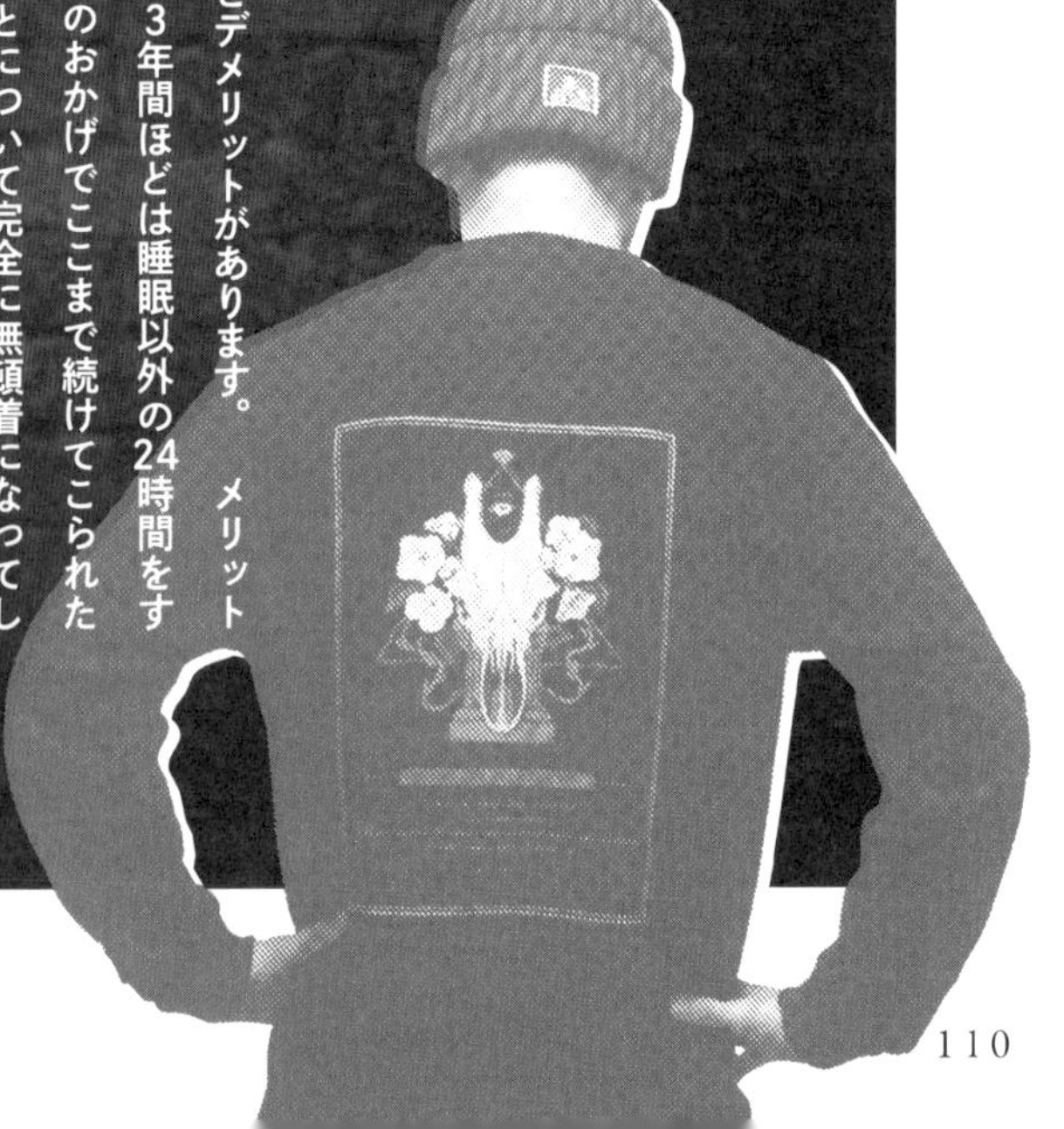

ニケーションが取れなかったりします。また、過集中状態が長期間続きすぎて燃え尽きてしまったことがこれまで何度もありました。僕の場合、一度燃え尽きてしまうともう二度とモチベーションが戻ることはありません。

僕は自分の生き方を「没頭と挫折の繰り返し」と捉えています。これは、そうありたいということではなく、自分の人生を客観的に振り返った感想です。その時その時の主たる活動が生活の中心なので、逆に言うとずっと続けている趣味がほとんどなかったり、旅行に行ったことがあまりなかったり、いわゆる「遊び」の経験が人より少ないような気がします。

また性格上、僕は好奇心をとても大事にしています。僕は多種多様な分野に対して好奇心を持つタイプではないですし、その必要もないと思っていますが、興味のあるものが何ひとつ見つからなくなり、どう生きていけばいいのかわからなくなってしまうことがすごく怖いと思っています。これまでに一度、好奇心を一切持てなくなってしまったことがありましたが、その時期は明日一体何をすればいいのか本当にわからなくて、まったく生きた心地がしませんでした。できればあの時の感覚は二度と味わいたくないですね。……と、ここまでお話ししてきましたが、ここ2年くらいは活動と遊びのバランスが少しずつ取れるようになってきていて、おかげさまで充実した時間を過ごせるようになってきました。やはり根を詰めすぎてしまうといつか破綻してしまうので、何事もやりすぎは禁物です。

つまり何が言いたいのかというと、息抜きは大事、坂東は英二ということです！（笑）

その6 キリンのケツ穴伝説

サバンナのストリートを全裸徘徊しているとよくこんな噂をよく耳にします。

「キリンのケツ穴は開通済みらしい」

ここは真面目にお答えさせていただくと、答えは「NO」です。

なぜなら、処女も守れないようなヤツに、童貞を守ることはできないからです。

みなさんの期待に沿えることができず申し訳ありません。ですが、若干それっぽい経験をしたことはあるので、こっそり教えましょう。

あれは僕がまだYouTubeを始める前、そう、人間だった頃の話です。

友人Aに突然言われました。「ニューハーフヘルス行ってみない？」

ニューハーフヘルスとは、その名のとおりニューハーフの方に股間を舐められるというお店で、変態プレイの探求者だった友人Aが僕を探求に巻き込んできた形です。

当時処女だった僕は「いやいや、無理無理！」と断ったのですが、友人Aは共通の友人であるBも誘っていて、二人とも乗り気だったため、僕も行くことになってしまいました。ドキドキしながら店内に入り、番号札を持ちながら待合室で待つこと20分。ついに僕の番がやってきました。僕の目の前に現れた女性（男性）は身長178cmくらいのガッチリ体系でパサパサな茶髪のロングヘア、顔はホリケン似でパッと見は完全に女性でした。

照れた様子のホリケンに「どうぞ～」と部屋に案内され、さっそく二人でシャワーに入ると、ホリケンの見た目は完全に女性なのに、やはりついてました！　女性ホルモンの関係なのか平均よりはかなり小さめ。そこで「やっぱり普通にチンチンついてるんですね～！」と世間話をふっかけると、ホリケンは「あんまり見ないで///」と、乙女よりも乙女なリアクション！　これにドキッとした僕は、ホリケンに手を引っ張られ、めちゃくちゃ汚いベッドにイン！　やはり男心を知り尽くしているせいか舌技はただならぬもので、普通の風俗なら「こりゃ当たりだわ！」と思ってしまうところでしたが、唯一違う点として、僕の太ものあたりに普通じゃあり得ない異物感を感じました。しかも、巨大化してやがる！！！

ホリケンは「責め」で興奮するタイプだったらしく、僕は2～3分で逝ってしまいました。そして友人たちと報告し合った結果、「ニューハーフは乙女よりも乙女で、全然イケる！」という結論に至っています。

第4章

未だ謎解けぬ事件

24 通常じゃありえない死に方、「エクストリーム自殺」

ここ数年ネットで頻繁に耳にするようになったのが「エクストリーム自殺」というワード。

エクストリームとは、英語で「極限」「極度」「過激」という意味だが、ネットでは自ら命を絶つには難しいと思われる状況で「自殺」と判断された事件のことを言う。アクロバティックな要素を持った「エクストリームスポーツ」の名前から転じて名づけられたネットスラングだ。

そんな不可解な「自殺」の事例を2つほど紹介しよう。

2011年、鳥取県境港市の廃業したガソリンスタンドの事務所の屋根で20～30代の女性の遺体が見つかった。首にはナイロン製のロープが5重に巻かれ、死因は窒息死。屋根の約1m上にあった杭のようなものにロープを引っかけて自殺した可能性はあるが、遺体は靴を履いていないにもかかわらず、屋根には1種類の靴跡が残されていた。現場は目立たない場所で人の出入りはなく、周囲で靴は見つかっていない。だが、結局「争った形跡がない」「他殺なら遺体を3m上に運ぶのは困難」として自殺と判断されている。

2015年5月中旬、東京都港区白金台のビルの間で女性が死亡しているのが発見された。遺体は都内に住む30代の女性とみられるが、その姿は口に粘着テープを貼ってアイマスクをしているという異様なものだった。前日の夜、女性が10階建てビルの外階段を上っていく様子が防犯カメラに映っていたことから、翌日までに警察は「飛び降り自殺」との見方を発表。だが、ネット上では「本当に自殺なのか」「粘着テープは必要ないだろ」といった疑問が上がった。

キリンの考察

他殺事件を自殺扱い！
警察に疑いの余地あり

ネット上で「これはエクストリーム自殺だ！」と噂されている案件は、まだまだたくさんあります。僕が調べたところによると……

◉大阪のタクシー運転手が、首にロープを巻いて自宅門扉の前でジャンプ。ロープを門扉に引っかけて首吊り。門扉の高さは数mあった

◉東京都東村山市議会議員が、逆立ちしてマンションの窓際まで、指で引きずった跡をつけながら歩行、足から手すりにぶら下がり、空中で方向転換し50㎝の隙間に向けて飛行

◉沖縄で有名社長が全身をめった刺しにして自殺。背中や手の甲もきちっと刺してあった。そして血の跡一つつけずに非常ボタンを押していた

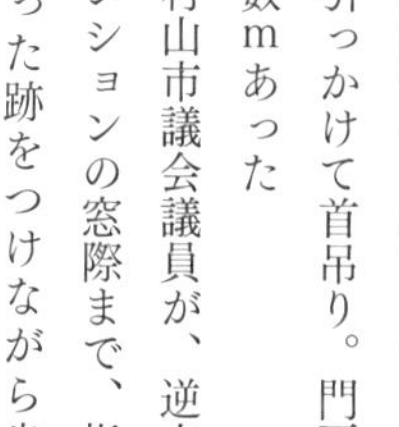

◉神戸のヤクザが自分で自分の首をはねて自殺した。首は見つかっていない

◉茨城の女性が首吊りをした後に歩いて川に入り息を止めて自殺。気管には水なし

この中の東村山市議の死については、現職警察官や宗教団体関係者が

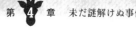

「他殺」と内部告発しており、民事訴訟では他殺が認められています。

また2002年、乗用車内で男性の遺体とともに発見されたAV女優の桃井望さんの死も、警察は頑なに「無理心中」と断定しましたが、男性の両親が保険会社を相手に民事訴訟を起こしたことから裁判所によって「第三者による他殺」と認定されたものの、その後の捜査は行われていないようです。

ここに挙げたいずれの案件も、自殺だと考えるとエクストリームすぎてワケがわからなくなるものばかり。警察の判断がおかしいと考えるのが自然だと思います。**本来は殺人事件だったはずが、何らかの事情で警察が自殺と断定した**という可能性が高いのではないか――僕はそう考えています。

警察が取り逃した犯人がもしかしたら横に……

そう考察する一つの根拠として、2015年に報道されたニュースがあります。

その内容は、「千葉県警が毎年公表している交通死亡事故の統計について、2013年までの10年間で本来事故死とすべき165件を病死や自殺などとし、過少計上していたと明らかにした」というもの。つまり、死因を誤って断定してしまった案件があるということです。この事実から考えると、**実際は「他殺」なのに「自殺」として処理しているケースがあっても、何ら不思議ではない**という結論が導き出されてしまうのです。桃井望さんのケースは、その典型と言えるのではないでしょうか。

さて、先ほどの千葉県警によると、事故死を自殺として処理してしまった理由のほとんどは「判断を誤った」とのこと。いい加減すぎませんか？

人の死因については、残された証拠を検証していくしかないため、100%正確に把握することは不可能なのかもしれません。しかし、他殺を自殺として断定してしまった場合、事件の**犯人は逮捕されず野放しとなり、僕たち**

の隣で何食わぬ顔をして生活しているかもしれないわけです。

警察が、事件性のある案件を「自殺」と断定してしまう理由はどこにあるのでしょうか？

これは元警視庁刑事だった人物から聞いた話ですが、警察も一般企業と同じで、売り上げや成績面で「ノルマ」があるのだそうです。そうしたノルマに達成していない場合「今月は取り締まりを超強化して罰金をたくさん集めよう」というのは日常茶飯事で、「他殺が多くて手が回らないから自殺で片付けておこう」「ここ数年の犯罪件数が増加しすぎているので自殺にしておこう」といった「策」を講じることがあってもおかしくありません。

そういえば大病院にも売り上げノルマがあって、「今月は抗がん剤の売れ行きが悪いので患者にはなるべく勧めるように！」ということで、大したことないのに抗がん剤治療を受けさせられてしまうケースもあるのだとか。

どちらの場合も、人間の命に関わること。自分や身内が巻き込まれたら必死になるはずです。事件の場合は、真相も闇の中に消えてしまうわけですから、絶対にあってはならないことだと思います。

◉ 警察があまりにテキトーすぎる！ 今すぐ改善を求む
◉ 本当は他殺なのに事故死や自殺扱いしている件も多い
◉ 真犯人が何食わぬ顔でそこらにいると思うと耐えられない

25

世界各地で鳴り響く、謎の不吉なノイズ「ザ・ハム」

全人類中のわずか2％の人にのみ聞こえるといわれているノイズ、それが「ザ・ハム」。

ブンブン音とも呼ばれているが聞こえ方がさまざまで、昼よりも夜のほうが聞こえやすく、アイドリングしている車のエンジンの音に似ているという人も、ガラガラした低音という人もいる。共通しているのは、ひっきりなしに聞こえてくるということだ。神経を苛立たせるそのノイズの原因について、今のところきちんとした科学的な説明はないという。

最初に報告されたのは1970年、イングランドのブリストル。以来、謎のノイズが聞こえるという証言は世界中に広がっている。

具体例としてドキュメンタリー番組で取り上げられたのが、米・コネチカット州ブルックフィールド在住の工業施設設備エンジニア、スティーブ・コールハーゼ氏のケースだ。彼はひどい耳鳴りと、脳がつぶされるような感覚に襲われ、飼い犬にも聞こえるらしく、元気をなくしてしまったという。

コールハーゼ氏は原因を突き止めるべく、300万円以上を費やして調査や裁判を行ってきたが、その結果浮上したのが「ノイズはある直線上に沿って報告されている」ということ。それは高圧ガスのパイプラインの近辺に集中するらしい。

なお、ハム音の呼び名は発生地域と国によって異なる。

◉アメリカ

ニューメキシコ州：タオス・ハム

インディアナ州コーコモー：コーコモー・ハム

◉カナダ

オンタリオ州ウィンザー：ウィン

ザー・ハム
サウス・ウェスト・イングランド州：ブリストル・ハム

◉イギリス

幻聴ではないことが判明。海洋波が正体という説も

コールハーゼ氏の番組を制作したハーカウィク氏は「ほとんどの人はザ・ハムのことを妄想と思うかもしれないが、それはあまりにも主観的だ」と語りつつ、ガスパイプライン説の信憑性について「信じられる部分もあるが、そうでない部分もある」として、コールハーゼ氏の推測の飛躍に何かしらの「陰謀論」が絡められていることに言及している。

そして、医師たちはこうした訴えを「単なる耳鳴りだ」と否定してきた。だが頭痛や吐き気、めまい、鼻血、睡眠障害などの体調不良になる人も多く、この音が原因で自殺を図った人の例も報告されている。

さらに最新の研究ではそれが幻聴ではなく、彼らに聴覚の異常がないことが示唆されている。ケンブリッジにあるアデンブルックス病院の耳鼻科医デビッド・バグリー氏は、こうした訴えの3分の1が付近に工場があるなど、環境的な原因によるものだと推測。そのほとんどは音源を特定することはできないが、バグリー医師は一方で「患者の多くは外部の音に対して極めて敏感な人たちである」とも考えている。2015年、権威ある科学誌『Geophysical Research Letters』では、主に地球を微かに振動させる海洋波によるものという研究を発表したが、諸説のうちの一つにすぎない。

キリンの考察

災害やUFO出現の前触れ。もしくは求愛行動の音か

機械やラジオ、アンプスピーカーなどから「ブーン」という低音が聞こえること、ありますよね。あれは「ハム音」「ハムノイズ」と呼ばれる低周波で、倍音が少ない音のことです。しかしこの「ザ・ハム」という音は、どうやら従来のハム音とは異なるもので、**全人類のうちの2%、しかも55～70歳までの中高年を中心に認識できる音**とされています。

「ハミング」を省略して「ハム」という名称がつけられたというその音は、**「遠くで雷が鳴っているような音」「ディーゼルエンジンに近い音」**なのだそうです。

日本での報告はあまりないようですが、イギリスやメキシコ、アメリカやカナダなどには聞こえる人がいるらしく、その他世界各地で「ザ・ハム」についての噂があれこれと飛び交っているようです。

例えば2018年10月26日。マグニチュード6・8の地震がギリシャ沖を襲った際に「ザ・ハム」が起きたといわれています。

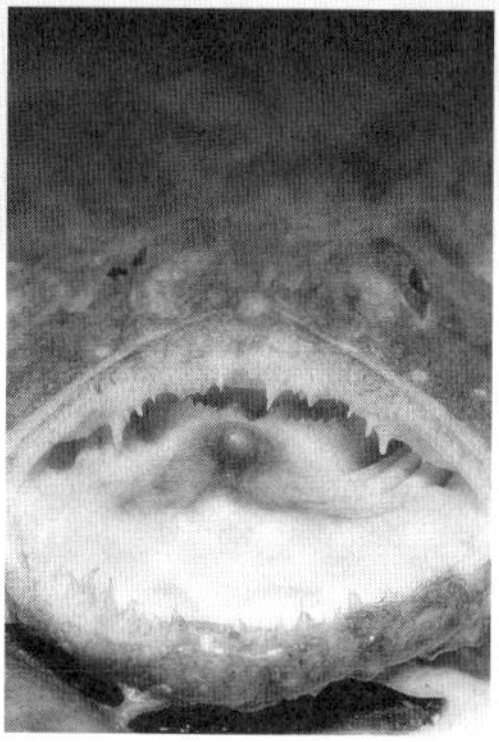

地震が起こる前日、地域住民が「ザ・ハム」のような怪音を聞いていたという噂の他、その近隣の地域全体に謎の音が響いていたという話も伝わっています。しかしこの事例は**「地震が起こる前兆として海底で起きた微小地震の音なのではないか」**と考えられているようです。

また**UFOの目撃情報が多い地域で「ザ・ハム」がよく起こる**という話もあります。もしUFOが何かしらの音波を発しているのであれば、

超能力者やコンタクティなど、特別な感受性を持つ人のみが受け取れるものなのかもしれません。

発情期のアンコウの性欲が生み出すエネルギーのせい

さらには、アンコウ類の魚のオスが、繁殖期にメスに求愛する「鳴き声」がその正体であるという説もあるそうです。

　しかしアンコウの繁殖期以外や、山間部の地域でも「ザ・ハム」音が聞かれているという事実もあるため、この仮説にはかなり無理があると言えるでしょう。

　ですが、「繁殖したい」と切望する気持ちはとんでもない童貞エネルギーを生み出すので「ザ・ハム」にも似た音を発してしまうのは胸が痛くなるほど共感できます。

　そして**アンコウたちのとてつもない繁殖エネルギーが怪音波となって、**地域住民の耳に届いた時、土着の「ザ・ハム」が生まれているのかもしれません！

　ところで、ドキュメント番組に出演したコールハーゼ氏は今もなお、何かしらの「陰謀」を探して調査を続けているそうです。

　しかし、全人類の2％にしか聞こえないノイズに、一体どんな陰謀があるのでしょうか？　ものすごく効率が悪い気がします。

◉ アンコウたちのセックスしたいという切なる欲望がエネルギーとなっている。世界童貞として共感しきり
◉ 全人類の2％しか聞こえないのに陰謀論ってある？

26

40年間ブザー音だけ放送され続けるラジオ局

１９８２年から約40年間、鈍く単調なブザー音を放送しているラジオ局がある。それがロシアの「ＭＤＺｈＢ」だ。サンクトペテルブルクからさほど遠くない場所にある所有者不明の廃墟が、ラジオ局の本部であると考えられている。

短波受信家からは「ザ・ブザー」と呼ばれているそのラジオは、周波数を４６２５ｋＨｚに合わせるだけで世界中のどこからでも聞くことができるが、ごくまれにブザー音がやみ、男性または女性がロシア語で「ディンギー」や「農業専門家」などの言葉や数字、名前が読み上げられる。

この不可解なラジオ放送局の目的は何か？

「潜水艦との連絡」から「宇宙人との交信」まで諸説あるが、中でも有力なのが「デッドハンド（自動核兵器制御システム）」信号説だ。ロシアが核攻撃され、ラジオが停止した時に自動的に報復攻撃が引き起こされるという。

また最も信憑性が高いと見られているのが「軍やスパイへの通信」説だ。ブザー音はこの周波数が誰かに使用されていることを示す単なるマーカーで、有事の際、彼らのスパイネットワークと遠隔地で待機した軍隊に反撃を指示する機能と言われる。

そんな「ザ・ブザー」は２０１３年に一度だけ、特別なメッセージ「ＣＯＭＭＡＮＤ　１３５　ＩＳＳＵＥＤ」を伝えたことがある。これは戦闘準備のテストメッセージと考えられている。ブザー音が聞こえなくなる日、一体何が起こるのだろうか。

キリンの考察

冷戦時代の周波数はまだ使われているのか？

この「ザ・ブザー」の正体については、先に紹介した他にも実にさまざまな説があります。

ロンドン市立大学の信号インテリジェンスの専門家デビッド・スタップル氏は「この信号には何の情報もない」という調査結果を出していますが、**この周波数はロシア軍に〝属している〟と考えられている**のです。

その根拠は、共産主義が衰退していた米ソ冷戦の終わり頃にこのラジオ放送が開始され、現在はサンクトペテルブルクの基地とモスクワ近くの場所から送信されている、という点にあるようですが、さらに不思議なのがソビエト連邦の崩壊後、このラジオ基地は閉鎖されず、活動は急激に増加しているという点です。

また有力説である「自動核兵器制御システム」については、冷戦時代のソビエトで開発されたものであり、多くの専門家や内部情報者によれば**まだ使用されている可能性がある**とのこと。現にプーチン大統領は以前、ロシアと米国の間に核戦争が起きた場合「誰も生き残ることはできない」と述べています。

これがもし本当だったら。この放送が途切れた時、核ミサイルが発射されて某国を終焉に導くということになります。それはイコール世界の終焉を意味しているわけで、想像しただけで身の毛がよだちます。

ブザーは兵器に使えない？だとしたら個人番組か

しかしこの説にもまた、理論突破できる余地があります。「ザ・ブザー」は、短波と呼ばれる低い周波数を使用しているため、地球の反対側まで到達しますが、そのためには時刻に応じて周波数を変更することが必要となります。国際短波局はこれを行っていますが、「ザ・ブザー」はその調整をしていないため、**自動核兵器制御システムに使用することはできない可能性が高い**というのです。

さらに「ただ音を出すためだけにこのラジオ局は存在している」という説を裏づける証拠として、前出のスタップル氏は「ロシアがミサイル発見に使用するレーダーシステムでは、対象物の高度を知る必要があるのだが、高度を計測するために出す信号は通常、車のアラームのような音である」とし、「ザ・ブザー」の音とは明らかに異なるということを述べています。

またいかにも都市伝説的でオカルトチックな説としては**「ロシア軍によるエイリアンの調査や国家極秘プロジェクト」の一部**であるというもの。そして「ロシア政府が自国スパイと軍関係者へ暗号を送っている」という説も頻繁に耳にしますが、も

しも暗号だったとしたら今日まで解読されていないって……よほど特殊な暗号なのでしょうね。

いずれにしても、この「ザ・ブザー」には軍事的な何かが絡んでいる、と推測する人が多いようです。

そして最後に、このような数多くの仮説や考察にひと通り目を通した後、僕の中に閃いた革新的な説を紹介しておきましょう。

この「ザ・ブザー」はおそらく、ラジオ番組を始めようと思ったものの緊張してなかなか話し出すことができなかった**「農業専門家ディンギー」の風変りな番組**だったのではないでしょうか。つまり、緊張が続いている間はブザー音を放送し、ちょっとほぐれてきたらロシア語で自分の名前と職業を言うのですが、また緊張してしまってブザー音を放送する……ということをひたすら続けているわけです。ちなみにディンギーは男性ですが、時々お母さんや恋人がラジオ局にやってきて横やりを入れるので、それが女性の声として流れてしまっているのかもしれません。

もしディンギープレゼンツの放送だとすると、世界的に見てもかなりの長寿番組だと思うので、まずはギネスに申請し、後は気力の続く限り、放送を続けてほしいですね。

- シャイなのに自身の番組を開設した農業専門家ディンギーが緊張するたびにブザーを鳴らしていたらほぼほぼブザー音になってしまった
- 兵器としては利用不可

27

現実に起きた、漫画「GANTZ」としか思えない事件

奥浩哉先生原作で映画化もされた「GANTZ」（集英社）の冒頭シーンを覚えているだろうか。主人公たちが駅の線路に落ちた酔っ払いを助けるためにホーム下に降りたところへ電車が入ってきて轢かれてしまった……と思いきや、別の場所に転送されていたというエピソードだ。

実は、これとまったく同じ現象が日本各地で起きているのだ。もちろん、漫画ではなく現実である。

◉2010年5月8日 西荻窪駅（東京都）

停止する直前の電車の前に男性が転落、現場に金属音が鳴り響いた。ホームにいた誰もが人身事故だと思い、電車の車体には人のような何かと接触した跡がはっきりと残っていた。しかしなぜか男性の体は発見できず、事故の真相は未だに解明されていない。

◉2014年11月15日 南鳥海駅（山形県）

女性が飛び込んで、貨物列車が急停車した。しかし周辺を確認しても女性の姿は見当たらず、その後の警察の捜査でも証拠は一切見つからなかった。目撃者が運転手のみという点や、女性の特徴がおよそ60歳前後で白い服だったということから「運転手が疲れていて幻を見たのではないか」「幽霊ではないか」などと臆測されたが、運転手は「女性が飛び込んできた時に確かな異音がした」と主張している。

◉2014年11月16日 泉大津駅（大阪府）

時間帯は利用客の多い午後4時頃。特急列車に向かって女性が奇

声を上げながら飛び込んでいったことから、走行中の電車は緊急停止した。その後、女性が線路内でうずくまっている姿が目撃されたが、女性は「飛び込んだんや……」という言葉を残してホームに上がり、その場から去った。すぐさまSNSには「運転手が『人が、人が消えた』言ってる　やばい、平成の神隠しや」「女の人が奇声上げながら飛び込んだのに 窓も割れてないし血もついてない」といった目撃者の証言が上がった。しかも女性が改札口を強行突破して逃げる姿を見たとの声もあったことから「これは変なおばさんによる奇行ではないか」と言われている。だが、線路からホームまでの高さは約120cm。簡単に這い上がれる高さではない。周辺の監視カメラにも女性の姿は映っておらず、警察も捜査をしても正体不明のままだったが、運転手やホームにいた人々など数多くの目撃情報があるため、幽霊の可能性は低いだろう。

「さっきの列車は私が止めた」と主張した男

◉2019年3月25日　武蔵小金井駅（東京都）

特急列車の運転手が、武蔵小金井駅の線路内に男性が座り込んでいるのを発見し、緊急停止させた。しかしその後捜索しても男性の姿がなかったので運転は再開された。その事態が起きた1時間後、隣の駅である男性が「さっきの列車は私が止めた」と駅員に話し、何事もなかったように去って行ったらしい。「GANTZ事件」などと呼ばれているこれらの事案、一体どう捉えたらいいのだろうか……。

キリンの考察

人が跡形もなく消えるのは変なのでＧＡＮＴＺはある

ここに挙げられている「ＧＡＮＴＺ事件」の中で最も気になったのが、泉大津駅で起きた事案です。「飛び込んだんや」と呟いたオバチャンは**おそらくヒョウ柄の服を着て、アメちゃんが入ったポシェットを首からかけていた**のではないでしょうか。そして自分のことを女力士かアメフト選手だと思い込み、すごいチャレンジ精神で電車に挑んでみたくなったのかもしれません。

「ＧＡＮＴＺ事件」として報告されている中には、他にも次のようなパターンもあります。

◉1996年10月16日
御徒町駅（東京都）

女性がホームから飛び込んだにもかかわらず、周辺から肉片や体が見つからなかったことから当時は「怪事件」として多くのメディアに取り上げられた。線路の外側に弾き飛ばされたのではないか、幽霊だったのではないかと言われたが、実際に多くの目撃者が存在しており、「若くて首の長い女性だった」と証言する人が多かったという。事件後しばらくしてある雑誌の記者がここの駅員にインタビューした際「よく出るんです」と言ったが、事件報告書を見ると「接触されたお客様については確認が取れていません」と記載してあったため、やはり人間説が濃厚に。

◉2015年6月2日
茅ヶ崎駅（神奈川県）

線路内で子どもが一人で遊んでいるところを利用客が目撃、通報したことにより、走行中の列車が緊急停止するという事態が発生。しかしその後、列車付近を捜索しても子どもの姿は見つからず、線路近くに設置されていた監視カメラにも子どもの姿は映っていなかった。茅ヶ崎市では2013年の同日に人身事故で亡くなった子どもがいたとの情報もあり、その子どもの霊が同じ日に現れたのではないかとも言われている。

　この2件については強いオカルト色を感じるので、幽霊なのではないでしょうか。あと「若くて首の長い女性」というのは、キリンかもしれません。「電車に飛び込む」で思い出したのですが、僕が高校生の頃に同級生が「駅のホームから人が電車に飛び込む瞬間を見た！」「腕が落ちていた」「グチャグチャだった」と話をしているのを聞いて、衝撃を受けたことがあります。話によると実際の現場は想像を絶する惨状らしいので、人が跡形もなく消えるというのはかなりおかしな話。となると、**GANTZの世界が現実にある**としか説明がつきません。

　逆に、GANTZの作者である奥先生こそが、実際に異世界に転送された体験を持ち、それを漫画化したとも考えられます。

　つまり……この事件の真相こそがGANTZなのです！　ここは僕がみなさんを代表して、電車に轢かれて試してみたいと思います！

- 泉大津は大阪のおばちゃん
- 茅ヶ崎、御徒町駅の事件はたぶん、本当の幽霊
- GANTZの世界は実在する。漫画はきっと、作者の奥浩哉先生の実体験である

ブランドン・スワンソン失踪事件

28

親と電話している最中に消えた大学生

2008年5月14日。19歳のブランドン・スワンソンは、友人とのパーティに参加後、深夜に車で帰宅している途中に、道路脇の溝にハマってしまった。身動きが取れなくなったブランドンは携帯電話で両親に連絡し、迎えに来てほしいと頼んだ。

両親は急いでブランドンが指定したあたりに向かったが、田舎道で目印になるものもないため、おおよその場所に到着するとヘッドライトを点滅させながら電話をかけてみた。しかしブランドンは「何も見えない」と言うので、逆にヘッドライトを点滅させてもらうことにしたのだが、今度は両親がそのライトを確認することができなかった。

ブランドンは仕方なく車を捨てて「近くの友人の家まで歩いていく」と父親に告げて歩き出した。この時点で午前2時を過ぎていたので、父親は「歩いている息子と遭遇できますように」と祈りながら車を運転していたという。そして携帯電話で話しながら、何とかブランドンと落ち合おうとしたのだが、ブランドンは通話の最中に突然「何だよ！　クソッ！」と叫んだかと思うと、電話は突然切れてしまったのだ。

その後、両親は何度もブランドンの携帯電話に連絡を取り続けたが応答はなく、呼び出し音が聞こえるだけ。そして翌日になるとバッテリーがなくなったようで、携帯電話は一切繋がらなくなってしまった。

事故を起こした場所のはるか遠くで車が発見される

両親は自力で捜索を続けるもブランドンを発見できず、翌日の午前中に警察へ連絡をした。しかしさほどの切迫感がなかったのか「息子さんはもう19歳です。帰ってくるかもしれませんから、しばらく様子を見ましょう」と告げられてしまう。それでも警察は念のため、ブランドンの携帯電話の記録を調べた。そして最後の場所として確認されたのは、彼が事故を起こしたという場所から25マイル先。さらに、不可思議なことに車はその先の場所で発見された。車は走行不可能とまではいかない状態だったが、牽引が必要な角度に傾いていたという。

そしてどちらの地点も、ブランドンが両親に告げたのと反対の方角だったのだ。ブランドンと一緒にパーティに参加していた友人らは「ブランドンは確かにアルコールを飲んでいたが目に見えて酔うほど飲んでいなかった」と証言している。そして彼の両親はもまた、彼が電話で酔っ払ったり混乱したりしているようには聞こえなかったと述べた。

警察とボランティアは地上だけでなく空中からも地域周辺を捜索、探知犬も配備されたが、とうとうブランドンも、彼の持ち物一つすら発見できなかった。

ブランドンが失踪してから10年以上経過した現在も、彼の両親はポーチライトをつけたままにして帰りを待ち続けている。

キリンの考察

足を滑らせて川に転落したか、パラレルワールドに入ったか

行方不明になってしまう相手と、直前まで通話していたというのがとても生々しく、しかもそれが親だったというあたりが何とも言えない気分になる失踪事件だと思います。

なぜブランドンさんがいなくなってしまったのか？さまざまな説が未だに飛び交っていますが、ポイントは「真夜中の田舎道」という場所にあるような気がします。

ブランドンさんは両親に「フェンスのそばを歩いていて、すぐ近くで川の音がする」と言っていたそうです。そしてその後、「何だよ！クソッ！」という声とともに通話が終了してしまったのですが、その際にどこかから滑り落ちるような音も聞こえたと一部では報道されていました。そのため、十分な明かりもない暗闇の中でしゃべりながら歩いていたので足を滑らせ、すぐ近くを流れていた川に転落してしまったのではないか？　という説が濃厚となったそうです。また携帯電話の位置情報から、ブランドンさんが川のほとりを歩いていたことも確認されています。しかし、この説に基づいて広範囲にわたる捜索が行われたにもかかわらず、彼の遺体は発見されなかったのです。

FBIによる捜索用ポスター

他にも、当時は5月と思えない寒さで気温4℃だったため、ブランドンさんは近隣の町にあるバーを目指してさまよい歩いた結果、道に迷ってしまい、人里離れた場所でそのまま倒れ、亡くなってしまったのではないかという説や、川に落ちて自力で脱出したものの、その後に低体温症になって命を落としたのではない

かという説なども浮上しています。

しかし川に転落したにせよ、人里離れた場所で倒れてしまったにせよ、遺体が見つかっていないという事実があるわけで……そこがこの失踪の謎をより深いものにしているわけです。きっと異世界に迷い込み、戻ってこられなくなってしまったのではないだろうかと、わりと現実主義な僕でも思ってしまいます。日本で言うところの「きさらぎ駅」（パラレルワールドに存在し、現れては消えるといわれる幻の無人駅）の話を彷彿させるような事件ですよね。

ブラントンさんの痕跡が一切見つからないということから、殺人事件などに巻き込まれ、その犯人が証拠をすべて消してしまったと考えられなくもないですが、コトの始まりが車の自損事故なので、計画的な犯行である可能性は限りなく低いのではないでしょうか。

時間の経過とともに、謎は深まるばかり。しかし、事件に何か動きが見られた場合は、すぐに捜索を再開できる態勢だとのこと。ブラントンが見つかりますように。

ちなみに2009年、ブランドンの両親の署名活動により「年齢を問わず人が行方不明であると報告された場合はいつでも警察に報告し、警察は直ちに捜索を開始すること」という法律が設けられたそうです。

- ◉ 自損事故がきっかけなので計画的殺人は考えにくい
- ◉ 「きさらぎ駅」の都市伝説然り、並行世界に迷い込んでしまった

29

住民がある日突然消えた町、「悪魔通り」の真相

1980年代、米・ニュージャージー州ウェストミルフォードに造られた住宅地「ニューシティ・ヴィレッジ」。街には、水処理施設の作業員とその家族が暮らす家屋が立ち並んでいた。

だが1992年のある日。突然、すべての住民がいなくなってしまったのだ。

家の中に荒らされた様子はなく、料理も食卓に出されて放置されたままだったという。

その後、自治体からの公式な説明もなしに、すべての住居は入り口や窓を板で塞がれ、道路も封鎖され、町は完全に外部との繋がりを遮断されてしまった。

この町がそんな不可解な運命に見舞われてしまった原因について、世間では当然の如くさまざまな臆測が飛び交った。カルトリーダーを名乗る男が1980年代にここに引っ越してきて、住民らの心を支配し地下室に集めてみな殺しにしたという説もある。しかし、そのような事件はどのメディアでも報道されておらず、未だに、住民が消失した真の理由は明らかになっていない。

以降、廃墟が立ち並んで放置されているニューシティ・ヴィレッジには「悪魔通り（Demon's alley）」という呼び名がつけられ、今日も恐れられている。

キリンの考察

この事件、最も有力とされるのが1980年代に越してきたカルトリーダーの仕業説です。

突飛な発想のように思えますが、実はカルト宗教の洗脳を受けて集団自殺に追い込まれてしまうという事例は少なくありません。例えば「ヘール・ボップ彗星に続く宇宙船に魂を乗せるため」という名目で信者39人を集団自殺させた教団「ヘブンズ・ゲート」。世界の偽善と圧迫から脱出するために信者74人が集団自殺した「太陽寺院」。どちらもなかなかの人数ですから、あり得ないことではないのです。

ただ……カルト教団の集団自殺なら全員が一斉に死んでしまうので、遺体は必然的にその場に残されているのですが、ニューシティ・ヴィレッジの場合はそうした遺体がまったく発見されていないというのがどうにも不可解なんですよね。**遺体がない＝住民たちが自分の意思で移動していなくなった、と考えたほうが自然であるような気がしませんか？**

あるいは**誰かが、住民たちを先導して別な場所へ連れ去ったという可能性**もありそうです。しかしどちらにしても、それはそれでまた深淵なる謎になってしまいます。

他にも「この町の住民が国家ぐるみの大規模な人体実験に利用された」「国家的陰謀のために住民が利用された」「放射能汚染の影響で住民が一斉に避難した」といった壮大な噂もあるようですが、そんな仮説を立ててしまうほど、不思議な失踪事件ですよね。

僕にも全然わかりません！

30

旧碓氷郡松井田町・霧積山女性殺人事件

温泉街で一人旅していた女性は、誰に惨殺されたか

1972年8月12日午前9時過ぎ、Kさんは伊勢崎市内にある自宅から父親の車で伊勢崎駅まで送ってもらい、気ままな女性の一人旅に出かけた。行先は霧積温泉だった。

昼過ぎには宿泊予定だった霧積温泉「金湯館」への送迎マイクロバスが発着する横川駅に到着。しかしKさんは駅から3キロも離れた「霧積温泉出張所」を徒歩で訪れている。

Kさんは生来無口で友人も少なかったというが、だがこの日は出張所に積極的に上がり込み、そこに勤務している年配の女性と1時間近く話し込みながら「霧積温泉まで徒歩で行きたい」と相談。Kさんの服装はノースリーブのブラウスに、白のミニスカート、ハイヒールといったものだった。女性は歩くと3～4時間かかること、Kさんのハイヒールでは無理であることを告げた。するとKさんは近所の雑貨屋でマップシューズを購入。履き替えて出かけようとしているところを女性に説得され、マイクロバスに乗り旅館へ向かった。

Kさんはその夜、予定通り「金湯館」に宿泊。翌日午前10時頃には宿を出た。しかしマイクロバスでの送迎を断り、一人山道を歩いて帰路についたという。午後2時頃、親子3人連れの車がKさんを目撃。「車に乗りなさい」と誘うも断られてい

被害者が宿泊した「金湯館」は今も営業している

る。

それ以降、Kさんの目撃情報はぷつりと途絶えてしまった。

カメラのフィルムに犯人の手がかりが残されたが……

帰宅しない娘を心配し、Kさんの父親は近隣住民10人と私設捜索隊を結成。霧積温泉へ向かう途中、ハエが群がっている小屋を発見したため不審に思って室内に入ったところ、変わり果てた姿のKさんを発見した。

小屋の付近には霧積ダム建設の工事現場があり、約100人の作業員が働いていたが、12日からはお盆休みで現場にはいなかったという。

Kさんの死体は、工事現場近くの物置小屋の中で仰向けに倒れており、右の首、左腕、下腹部など20数か所に及ぶ鋭利な刃物による刺し傷だけでなく、心臓部をえぐり、肋骨3本を切断し、血の噴き出ている遺体を6～7mも引きずった跡もあり、無残なものだった。

小屋内には地下足袋による足跡と犯行に使用したと思われる軍手の跡が、小屋に入る道路上にはタイヤ跡が残されていたが、指紋採取は困難。警察は金湯館の宿泊客200人と工事現場関係者の身元を調べたが、犯人特定には至らず、捜査は困難を極めていた。

ところが、である。殺害現場に残されていたKさんの所持品の中のカメラのフィルムを現像したところ、誰が撮影したのかわからないKさんの写真が残されていたのだ。撮影場所は、金湯館から300mほど上がったところにある「忍の池」付近。Kさんはおそらく、誰かに撮影を依頼したのだろう。写真は全部で5コマ残されていた。

警察はこの写真の発見により、これまでわからなかった空白の4時間（旅館を出てから親子3人の車に目撃されるまで）の解明に繋がるのではないかと見立てたが、有力な手がかりは掴めなかった。結局捜査は暗礁に乗り上げ、「未解決事件」として現在に至っている。

キリンの考察

謎が多すぎるKさんの行動。残る写真が訴えるものとは

Kさんは当初、弟と母親と3人で旅行する計画を立てていましたが、2人とも都合が悪くなってしまったそうで、それが不幸の始まりになったと考えると、何ともやるせない事件ですよね。

それにしてもKさんには謎の行動が多いように思います。まずは横川駅に到着後、マイクロバスに乗らずに3キロの道をハイヒールで霧積温泉出張所まで歩いていること。

また、Kさんは過去に2度ほど霧積温泉へ来たことがあるにもかかわらず、初めて来たような素振りで出張所の女性と会話をしていること。

そしてもう一つは、同月初めに自らこの出張所に電話して宿の予約を取っているのにそのことにはひと言も触れず、女性に名前すら告げなかった、ということです。ハイヒールを履いているのに出張所から3〜4時間歩こうとしたことにも非常に違和感がありますよね。

めった刺しという殺され方から、強い怨恨を感じますが、家族旅行が一人旅になってしまった事情があるので、**計画して狙うのは困難である気がします。**だとすると、見ず知らずの女性に対して残忍なことができる、猟奇的な犯人像が浮かんでしまいます。また犯人のものと思われる地下足袋の跡ですが、これは工事現場の作業員だけでなく、近くの霧積川で釣りを楽しむ人々もはいていたため、特定が難しくなってしまったそうです。

それにしても気になるのがカメラに残されていたKさんの写真。実はこの写真を公開した際、「Kさんに頼まれて写真を撮ったのは私です」と、東京都世田谷区在住の22歳の男性が、旅館のある地元の上毛新聞社に電話をかけてきているのです。男性の話によると、霧積川で釣りをし

ていたところ、Kさんと思われる女性が「シャッターを切ってください」と声をかけてきたのだとか。撮影した正確な時間はわからないが、おそらく昼過ぎだったとも言っていたそうです。ということは、旅館を出た午前10時から、親子連れに目撃される午後2時の間に撮影されたということになり、捜査は一歩前進したかに見えました。

　ところが男性はその後、警察へ行って詳しく説明すると言っていたにもかかわらず出頭してくることはなく、急いで名前と住所を照合したところ、どちらもデタラメだったのです。

　となると、**最も怪しいのはこの男ですよね。**しかしすぐバレるのは明白ですから、ただのイタズラだったのかもしれません。

　またネット界隈では、写真の足部分が消えている＝心霊写真などと騒がれていますが、被害者が徒歩でかなりの距離を移動しているのに相反して、写真の足が消えているというのは何とも不気味です。実は殺された状態で犯人に運ばれたというメッセージかもしれません。

◎ 写真を撮った男が一番怪しいが、イタズラの可能性もあり
◎ 写真の足部分が消えているのは、Kさんのダイイングメッセージかもしれない……？

四日市ジャスコ誤認逮捕死亡事件

31 ハムスターの餌を買いに来て殺された男性の無念

2004年2月17日、三重県四日市市のジャスコ四日市尾平店（現・イオン四日市尾平店）内のATMコーナーにて、2~3歳ぐらいの幼児を抱いていた若い女Aに泥棒扱いされた68歳の男性Bさんが、店員や買い物客ら3人に取り押さえられ、居合わせた四日市南警察署の警察官の拘束後に死亡した。男性の死因は「高度のストレスによる高血圧性心不全と不整脈」と発表されたが、逮捕・制圧の際の精神的・肉体的苦痛によるものと推測される。

店員や買い物客が男性を制圧している隙に、この事件の元凶となった若い女Aは逃走。三重県警察は「虚偽告訴罪」の被疑者として捜査を続け、翌2005年には監視カメラに映っていたAの画像を公開した。

Bさんは、孫が飼っていたハムスターの餌を買いに来ただけだった。にもかかわらず突然この世を去ることになり、さぞ無念だっただろう。

未だに警察からの謝罪はなく女の行方もわからず時効に

事件の詳細は、次のとおりである。店員や買い物客がBさんを取り押さえ、ちょうど別件の万引事件の処理で居合わせた警察官2名も現場に到着、Bさんの両手を後ろに回して手錠をかけ、20分間うつ伏せ状態で押さえつけていた。Bさんは嘔吐をして意識を失ってしまったが、警察官はその後も拘束を続けていたのだ。

そしてこの時既に、女Aの姿はどこにもなかった。

通報を受けて応援の警察官が事件現場に到着した際、Bさんが意識を失っていたので救急車で病院に搬送したが、Bさんは脳に回復不能な損傷を受けていたため、翌日に死亡してしまった。

Bさんが最期まで護るように握りしめていたキャッシュカードは3つに折れ曲がり、眼鏡も片方のレンズが壊れていたという。しかし四日市警察署はこの逮捕拘束について「一般的な制圧行動だった」と発表。

そして2007年、Bさんの遺族が警察官の度を超した制圧行動によってBさんが死亡したとして、三重県を相手に約5700万円の損害賠償請求を起こし、三重県側は対応は適切だったとして応訴した。

結果、2011年に遺族側が勝訴し、三重県側に約3644万円の支払いを命じたものの、同年2月7日に公訴時効が成立。未解決事件となってしまった。

さらに同年3月、Bさんと女Aとが奪い合っていた財布は、死亡したBさんの所有物だったことが判明。つまり、窃盗事件そのものが成立していなかったのだ。翌々月の5月、津地方検察庁は男性の無実を認め、被疑者補償として1日分の最高額として、1万2500円を遺族に支払うと通知したが、この命の代償としてはあまりにも安すぎる額に多くの人が怒りと同情を示したのだった。

一方、三重県警察は法的な制約上、上告理由が見当たらないとして上告を断念、制圧行為については「必要で正当なものだった」と主張し続けた。

Bさんの遺族が開設したブログによると三重県警察は事件時の対応について反省を示す態度は一切なく、現在に至っても未だ遺族に謝罪をしていないという。

キリンの考察

非常に気の毒で残念な事件。公開された女の顔が怖い！

これは、他とは少しパターンの異なる未解決事件といえます。ちなみに、容疑事実を特定できぬままに犯人の画像公開に踏み切ったのは、あの「グリコ・森永事件」以来の異例措置なのだそうです。

この事件は結局、被害者男性は何も窃盗しておらず、濡れ衣が原因で死に至ってしまったわけですが、この男性の気持ちを考えると本当にいたたまれないです。

店内入り口近くにあったＡＴＭに設置された監視カメラの画像では、以下のことが確認されています。

◉Ｂさんの両手は、買い物袋を持って塞がっていた。

◉ＢさんがＡＴＭを操作している最中、若い女Ａが突如ＡＴＭコーナーに入ってくる。

◉Ａは突然、Ｂさんの肩にぶつかっていき、体を触るような仕草を始める。その後すぐにＢさんの胸ぐらを掴んで揉み合いとなる。

◉女の「泥棒！」という叫び声の後、客３名がＡＴＭコーナーに駆けつけるが、その間にＢさんが一切窃盗行為をしていないことが確認できる。

◉Ｂさんが取り押さえられる約５分前頃からずっと、若い女ＡはＡＴ

三重県警察が公開した監視カメラ画像を参考

Mコーナーから3～4m離れた場所で何度も様子をうかがっていた。

このように、監視カメラを確認すれば明らかなのですが、現場では女Aの叫び声が周囲を信用させてしまったのです。女AとBさんで奪い合っていたのが実はBさんの財布であったということと、なぜか女性が現場から消えていたことを考えると、**女Aこそが窃盗の常習犯**で、Bさんが財布を奪われそうになったことで騒いだため、女AはとっさにBさんに罪を着せて、逃れようとしたのでしょう。

しかも事件が起こる**5分前から、女AがBさんの様子を何度もうかがっていた**様子も監視カメラに残っていることも視野に入れると、僕のこの考察はあながち間違っていないのではないでしょうか。

そして、公開された女Aの「顔」について。監視カメラの画質によるものだと思うのですが、**明らかに人間味のない能面のような顔**をしているんですよね。一連の行動の不審さや被害者男性の末路を考えると、この顔の不気味さが際立ちます。

何より、さほど広くない田舎の町で、しかも子供連れだった女がなぜ見つからなかったのでしょうか？

時効が成立した現在も、現場には監視カメラに映った女Aの顔写真が貼られているそうです。

- ◉ 女Aこそが窃盗の常習犯であると確信できる
- ◉ 女の叫び声を周囲が信用してしまったのが残念
- ◉ 監視カメラの女の画像は事件の不可解さを象徴するかのよう

32

千葉県茂原市女子高生失踪事件

「神隠し」から生還した女子高生

千葉県茂原市在住で県立高校に通っていたAさん（当時17歳）が、学校からの帰宅途中に突然行方不明になったのは2013年7月11日のこと。自宅最寄り駅の防犯カメラにその姿が映っていたが、その後の足取りはまったく掴めなかった。

警察は8月7日にAさんの顔写真を公開して毎日10～30人態勢で捜索、Aさんの家族もビラ配りなどをしたが、手がかりはなかった。

そして行方不明から77日後、少女は自宅から400mも離れていない神社の社の中で発見される。通りがかった男性の犬が社に向かって吠えたため、中を見ると体育座りをしている少女がいたのだ。

少女は全身が汚れやせこけており、足や腕は骨が浮いて見えるほど。体重も31kgまで減っていたが、救急車が到着すると自力で歩いて乗り込めたという。社は三畳ほどの広さで南京錠がかけられていたが、少女はその扉の下にある板を外して出入りしていたようだった。社の中には食べ物を購入した形跡はなく、近くの駐車場の水道で水を飲み、社の裏にある夏みかんや、近くの畑の野菜などを食べていたという。

少女発見のニュースで話題の中心になったのが「自宅から離れていない場所にいてなぜ発見されなかったか？」「本当に神社内だけで暮らせるのか？」という点だった。ある防災アドバイザーは「暑さや雨をしのげれば、水だけで50日間は生きられる」と話したが、少女が過ごしたのは77日。医師は「あと1週間発見が遅れていたら命はなかった」と話しており、その不可思議さから「現代の神隠し」として話題になった。

キリンの考察

神隠しか、誘拐か？またはバチが当たったか

いや〜この事件、何なんでしょうね？神社に潜み、時々出歩いていては近所の畑の野菜を食べていたのなら、目撃情報の1つや2つはありそうなものだけれど、まったくなかった点。その畑にはさほど作物もなく、ミカンの木はあったものの食べられる状態ではなかった点。神社の近くには水飲み場もトイレもなく、食料を買いに行くためには道路に出ないと自販機すらなかった点。しかも少女が発見される5日前には、地元の10数人が神社周辺の草刈りを広範囲で行っているのに発見されていなかった点。そして結局、少女が発見されたのは神社の境内であったこと。そんなさまざまな疑問点がこの事件を「現代の神隠し」と呼ばせているのでしょう。

しかし、もし本当に神隠しなら77日間もの間、少女は異世界に閉じ込められていたことになります。発見された時にはかなりやせ細った状態だったということも気になります。77日間で何が起きたのか予想もつ

きませんが、もしかすると少女は以前、**この神社に対してかなりバチ当たりなことをしてしまったから**神隠しに遭ったのかもしれません。

両親が某宗教の熱心な信者で嫌気が差したのか

ですがこの状況から考えるに、**誘拐という可能性もある**のではないでしょうか。

もし仮に、この神社ではなく別の場所で誘拐されていたとしたら目撃情報がないのは当然です。そして77日後、かなり厳重な口止めをされた上で境内に戻されたということも現実には考えられそうです。ただこの場合、家族のもとに身代金などの要求がなかったので犯人の目的がわかりにくく、最終的に少女を解放した意図もわかりにくくなります。

写真はイメージです。実際の宗教団体とは関係ありません（©Rasica）

ところが少女帰還から約半年後、あの「東スポ」が新たな事実を報道したのです。

それによると、全国霊感商法対策弁護士連絡会事務局長の山口広弁護士が「**少女のご両親は某教会の熱心な信徒**で、少女は信仰を強要されて悩み、家出したと思われる」というものでした。

某教会と言えば、信徒同士の「合同結婚式」が有名です。それまでの間は「男女が抱き合ってはいけない」「クラスメートと手を繋いではいけない」といった戒律があるそうで、実際に山口弁護士のもとには反発する子どもたちからの相談もあるとのこと。

警察側も、信仰の自由を盾にされ

ると子どもを保護しにくく、安易に家出をしてもすぐに見つかって親から連れ戻されてしまうケースも少なくないそうで、少女はそんな信仰の戒律や両親の考え方に絶望して「行方不明」という手段を選んだのかもしれません。

　しかし肝心の少女が自分の口で何も語っていないため、この報道を鵜呑みにすることは危険です。ですからあまり踏み込んだことは言えませんが、もし東スポの報道が事実だとしたら、少女は決死の覚悟で家出したにもかかわらず、結果的に家庭での宗教問題が解決しないまま家に戻ってしまった、とも考えられます。「私の77日間は無駄に終わってしまった……」と少女が落ち込んでいないことを祈るばかりです。

東スポ報道後も、山口弁護士は某教会説を唱えているが、果たしてそれが真実なのかご両親と少女に聞く術もなく、やはり行方不明の真相は現在も「未解決」のままです。

　ちなみに、少女の神隠し事件が起こった翌年にあたる2014年は、関東や関西地方在住の女子生徒（小中学生）が行方不明になるという事件が相次いで発生した年だったそうです。その多くは解決しているようですが、少女の事件がその予兆だったとしたら……やはり本当の「神隠し」だったのかもしれません。

◉ 過去に神社にバチ当たりなことをして異世界に飛ばされた
◉ 目撃情報がないため、誘拐された可能性もある
◉ 親の宗教に嫌気が差して逃げ場所を探していた

33

ヴァリグ・ブラジル航空967便遭難事故

残骸一つ残さず、空中で消えた飛行機

乗客やスタッフを乗せた航空機が忽然と消えた……といえば、記憶に新しいのは2014年の「マレーシア航空370便失踪事件」だ。この場合、乗客やスタッフは見つかっていないものの、海底などにそれらしき破片のようなものが発見されている。だが、その少し前に起きた同様の事件では、現在でも機体のカケラすら見つかっていない。

かつて存在したブラジルの航空会社「ヴァリグ・ブラジル航空」の967便が1979年1月30日、忽然と姿を消してしまった。当時この便は、日本とブラジルを結ぶ定期航空貨物路線として週1回運航されていた。同便は18時に成田空港を離陸し、12時間後にロサンゼルス国際空港に着陸した後、ペルーのリマ経由でサンパウロの空港に向かう予定だった。しかし、予定より2時間強遅れて成田から離陸した30分後、千葉県の銚子沖からの通信を最後に、消息を絶ってしまった。前後に967便から救難信号などがまったく発せられていないため、その過程を推測することは困難である。さらには、「ブラジルのピカソ」とも称された日系人画家「マナブ間部」の高額な絵画を何枚も積んでいたことも手伝って、当時から現在に至るまで「国家的陰謀」から「超自然現象」まで、さまざまな臆測が飛び交っている。

またジェット時代の遭難事件で残骸すら発見されなかった事例がこれまでなかったため、航空史上最大の謎として現在も語り継がれている。

ちなみに、画家のマナブ間部は失われた作品を14年かけて描き直し、サンパウロで1986年に開かれた回顧展へ出品したという。

キリンの考察

意外と絵画は裏市場で販売されていたかもしれない

この航空機まるごと失踪事件は当初「絵画そのものを狙った犯行」「絵画にかけられた保険金目当ての偽装遭難」との見方が強かったらしいのです。しかし、失われた作品

事故機となったボーイング707-320Fの同型機

は53点だったそうで、それらが美術市場に出回らなかったことから、現在では否定されているそうです。

しかし僕の考察としては、やはり飛行機に積まれていた絵画などが20億円相当であり、**それがすべて消えてしまっているというところがポイント**なのではないかと思うのです。「美術市場に出回っていない」というのは、表向きの話なのではないでしょうか？

都市伝説的な噂によると、美術業界には「**裏市場**」的なものがあるとされています。そうしたルートで売買されている可能性は十二分にあると思うのですが、警察や公安の捜査では辿り着けなかったのでしょう。今からでも遅くないので、ルパン三世やキャッツ・アイに聞いてみればよいと思います。絵画の行方がわかれば、それが事件解明の糸口になるかもしれません。

魔の海域に迷い込んだか、乗員の酸欠死説が有力

また、「軍事情報に関する極秘書類、あるいは新兵器がこの航空機によって秘密裡に輸送されていたのではないか」「某敵国がその情報や兵

器を入手するために完全に証拠を残さない形で航空機を襲ったのではないか」という説もかなり囁かれていました。

某敵国とはずばり、当時のソ連（現・ロシア）のこと。967便を自国の領内へ強制着陸させるか、あるいは洋上で撃墜し、残骸などを潜水艦で回収したというのですが、これもまったく根拠はなく、証拠も発見されていません。

いずれにしても「一切痕跡を残さない」というのは非常に難しいことです。

仮に航空機の乗員の中に他国やソ連のスパイが紛れ込んでいたとしたら工作も可能でしょうが、乗員6名の身元ははっきりわかっているのでその線も薄いようです。

ましてや、当時の機長は会社から勲章を授与されている大ベテランで、1973年には空中発火事故で燃える機体を無事不時着させた、スーパー操縦士でした。家柄もよく、親族にも空軍士官がいるなど犯罪に手を染めるとは考えにくい人物だったのです。あらゆる仮説が浮かんでは消えていくほど、この航空機失踪の謎は深まるばかり。

辿り着くところは、バミューダトライアングルのような異世界と繋がる**「魔の海域」のような時空の歪みが実は銚子沖に存在しており、**そこに突入してしまって失踪……という結論に至るしかありません。でもそうすると、成田空港から離陸した航空機の大半が忽然と消えていることになっちゃいますけどね。

ところがごく近年になって、実はまた新たな仮説が浮上してきました。

それは、空調装置の不具合もしくは扉などからの空気漏れによる酸素欠乏が、乗員の意識混濁あるいは酸欠死を招いたという推測です。

前述したように、967便には大量の美術品が積み込まれていたため作業に手間取り、定刻より2時間強ほど遅れて離陸しています。967便は「ボーイング707」という機種で、貨物室内も地上と同じ空気圧となるように空調装置を備えていま

したが、その空調もしくは機体の扉に不具合があり、**空中で操縦室の酸素が不足して乗員が失神、あるいは絶命した可能性**が指摘されているのです。

空調装置の不具合による乗員の失神が事故を引き起こした例としては、２００５年のヘリオス航空５２２便墜落事件が有名です。この事件では、乗員が失神後も自動操縦で飛行し続け、燃料切れで墜落しています。

９６７便もまた自動操縦で太平洋を飛行し続け、遠く離れた海上へ墜落したとすれば、銚子沖をいくら捜索しても残骸や漂流物は発見できないでしょう。それに同機が消息を絶った地点は日本海溝の水深が５０００m前後ある海域でした。そのため、当時の技術では**探知不可能な深海まで機体が落ちていってしまった**のかもしれません。

- ◉ 裏市場で出回る可能性もあるので、絵画の転売の有無は墜落と結びつけられない
- ◉ 墜落したとするならば、乗員の酸欠か、日本海溝に落ちたせい

ケネディ米大統領暗殺事件

34 暗殺を数分前に予告してきた電話

1963年11月22日午前10時。

カリフォルニア州オックスナードの電話交換手が一本の電話を受けた。

ごく普通の中年女性からだったが、聞こえてきた第一声は尋常ではなかった。

「10分後にケネディ大統領が死ぬ」

電話交換手は絶句したが、内容が内容だけに電話を切らず繋いだままにしておいた。そうして10分間が経過した時、電話口から再びこんな女性の言葉が聞こえた。

「10時30分にケネディ大統領が死ぬ」

さらに彼女は、いくつか暗号のような言葉を続けて発した。

「正義」「最高裁判所」「建物が炎に包まれる」……そしてこの電話は10時25分に切断された。電話交換手はイタズラと考えていたかもしれない。なぜならこの時、大統領はテキサス州ダラスにいたからだ。だがこの後、電話は現実のものとなる。

パレード中だったケネディ大統領が殺されたのが、中部標準時間で午後12時30分。カリフォルニア時間だと、午前10時30分だった。そして本当に不気味なのはここから。大統領を暗殺したとされるリー・ハーヴェイ・オズワルドは、ディーリー・プラザ区で大統領の乗ったリムジンを待ち構えていた。当初の予定では、大統領は10時30分よりも前にこの場所に到着するはずだったが、沿道の人たちと握手を交わしていたため、予定よりも遅れていた。電話の女は、カリフォルニアにいながらどうやってこの事実を知ったのか……。

結局、FBIの捜査でもこの電話の主を突き止めることはできず、不確定要素も含まれていた大統領暗殺の時刻を正確に予言できた理由は、謎に包まれたままだ。

キリンの考察

現在も調査が続く暗殺事件。敵対勢力の組織的犯行か

ジョン・F・ケネディ元大統領の暗殺事件に関しては現在も解明のための調査が行われているといわれています。特に２０１７年10月26日、暗殺事件に関する３０００以上の機密文書が公開され、精査が進む中で、いくつかの新事実も明らかになったそうです。

その中の一つに、暗殺事件が発生する25分前、イギリスの新聞社「ケンブリッジニュース」に何者かが電話をしてきて「ロンドンのアメリカ大使館に重大な知らせがあると電話をかけるべきだ」とだけ言って切った、というものがありました。

また事件の1週間前には、ニューオーリンズのあるバーにいたある男性が「ケネディ大統領は3週間以内に暗殺される。１００ドル賭けてもいい」と話していたことを、シークレットサービス宛てに通報してきた客がいることも判明しています。

今回取り上げた電話の一件も含めて、これらの「暗殺予告」が心霊やオカルトの類ではないとすれば、**知らせてきたのは事件の共犯者もしくは協力者で、リアルタイムに情報を共有していた**と考えるのが自然でしょう。ケネディ一族に関しては、**「ケネディの呪い」**という有名な都市伝説があって、薬物乱用、自殺、飛行機事故、水難事故、などさまざまな理由で非業の死を遂げているといった話が伝えられています。

中でもケネディ大統領の父ジョセフ・P・ケネディは、マフィアと協

力して密造酒製造や金融業などで財を成した大富豪であったことが知られています。破天荒なタイプが多かったケネディ家は、かなり以前からマフィアとの繋がりが深く、トラブルも絶えなかったそうですから、そんな関係性が暗殺と絡んでいる可能性は十二分に考えられそうです。

　もしもマフィア系の人物が暗殺事件の黒幕だったとしたら、組織ぐるみで実行したことは明白であると言っても過言ではありません。

　となると、当時逮捕されたリー・ハーヴェイ・オズワルドの単独犯ではなく、情報を共有している人物が何人か存在していてもおかしくないわけで、**その中の誰かが予告電話をしてきた**のかもしれません。

　ちなみに犯人のオズワルドに関しての機密文書も発見されており、**「実行犯として逮捕されたオズワルドがCIAのエージェントであることを示すような……」**で途切れている文章が確認されているそうです。

　またトランプ前大統領は、このケネディ元大統領に関する3000の機密文書について「全面公開を約束する」と公言していましたが、大統領に再選されず、その約束を果たすことができませんでした。これもまた、機密文書を守るために仕組まれた陰謀なのかもしれません。

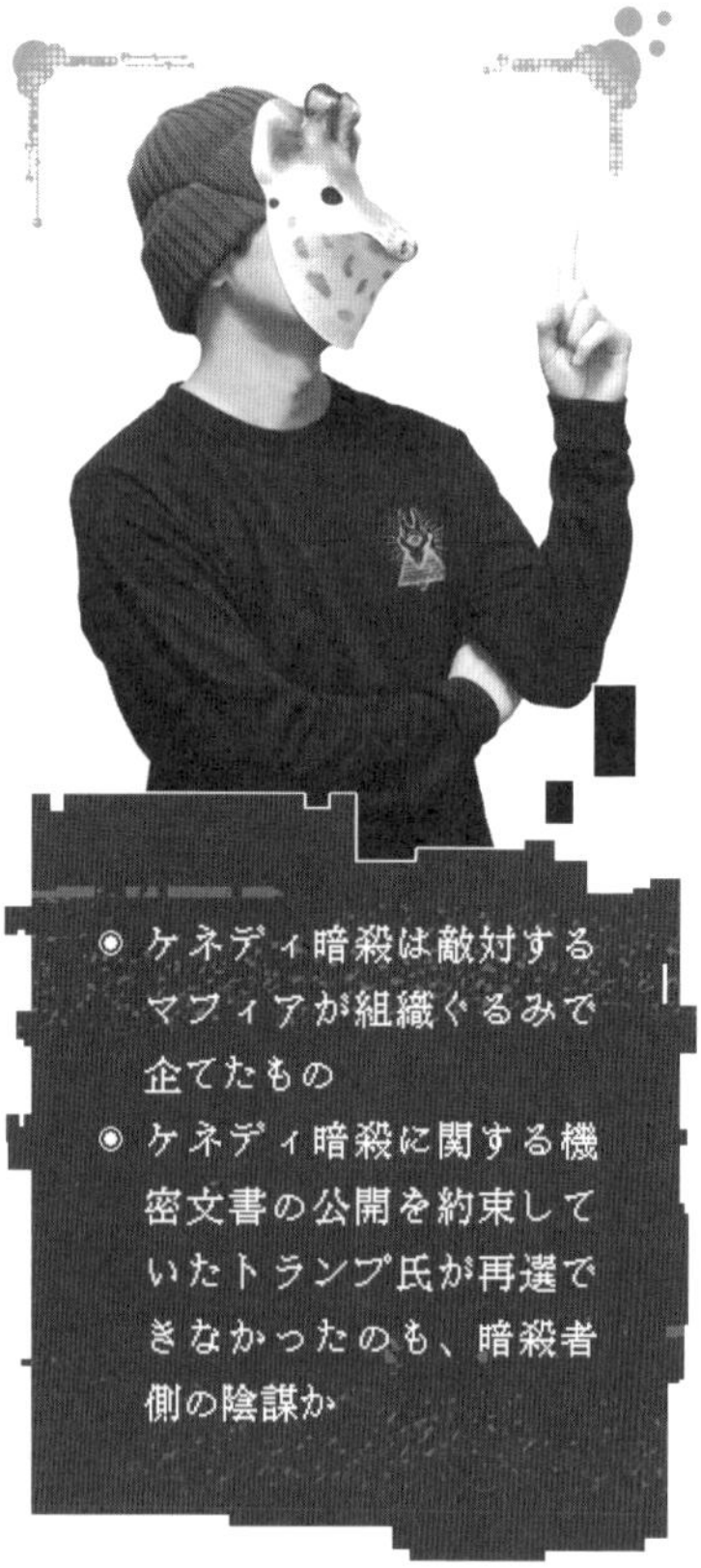
◎ケネディ暗殺は敵対するマフィアが組織ぐるみで企てたもの
◎ケネディ暗殺に関する機密文書の公開を約束していたトランプ氏が再選できなかったのも、暗殺者側の陰謀か

35

注文していないピザが10年以上届く恐怖

命に関わるほどではないが、地味に怖い……それが、「注文していないピザがデリバリーされ続ける事件」。しかも10年間以上継続中なのだ。

コトの始まりは2011年。ベルギー北部のトゥルンハウト在住のヤン・ファン・ランデゲム氏（当時56歳）の玄関先に、突如として大量のピザが届けられた。当初は間違いだろうと思っていたが、翌日も、その翌日も、朝と夕方に届くようになったのだ。時には1日に数回届くこともあり、ケバブやファストフードまで配達されるようになってしまった。配達人に「頼んでいない」と指摘しても、注文が入ればデリバリーしないわけにいかないとのこと。幸いなことに受け取り拒否しているため、金額的な被害が出ていないのだが……。

ヤンさんは次第に平日も週末も深夜もやってくるデリバリーのバイク音を聞くだけで震えが止まらず、熟睡すらできなくなってしまった。

2019年1月には一度に10軒の異なる店から食べ物が届き、うち1軒のピザ屋からは14枚もピザが配達された。合計金額は、日本円にして何と5万5000円だった。

しかも驚くことに、この謎のデリバリーはヤンさん宅から約32キロ離れたヘレンサウトという町に在住する友人の女性宅にも起こっており、こちらも10年以上続いている。

現在二人は、どちらか先にデリバリーが来たら連絡し合うようにしているそうで「犯人は共通の知り合いだろう」と考えているものの、まったく心当たりがないそうだ。

「もう我慢の限界。早く犯人を突き止めてやめさせたい」と呼びかけているが、未だに続いている。

キリンの考察

作り話では?と思うが、想像を絶するアンチもいる

この事件、僕的にはものすごく違和感があります。なぜデリバリー業者はこの不可解な一件に対して然るべき対応をしないんでしょうか?

その地域のピザ屋であれば店舗数は限られているはずなので、各店舗で容易に情報を共有できると思いますし、例えば注文相手の電話番号を控えたり、非通知電話での注文だったとしても、いつも決まった場所

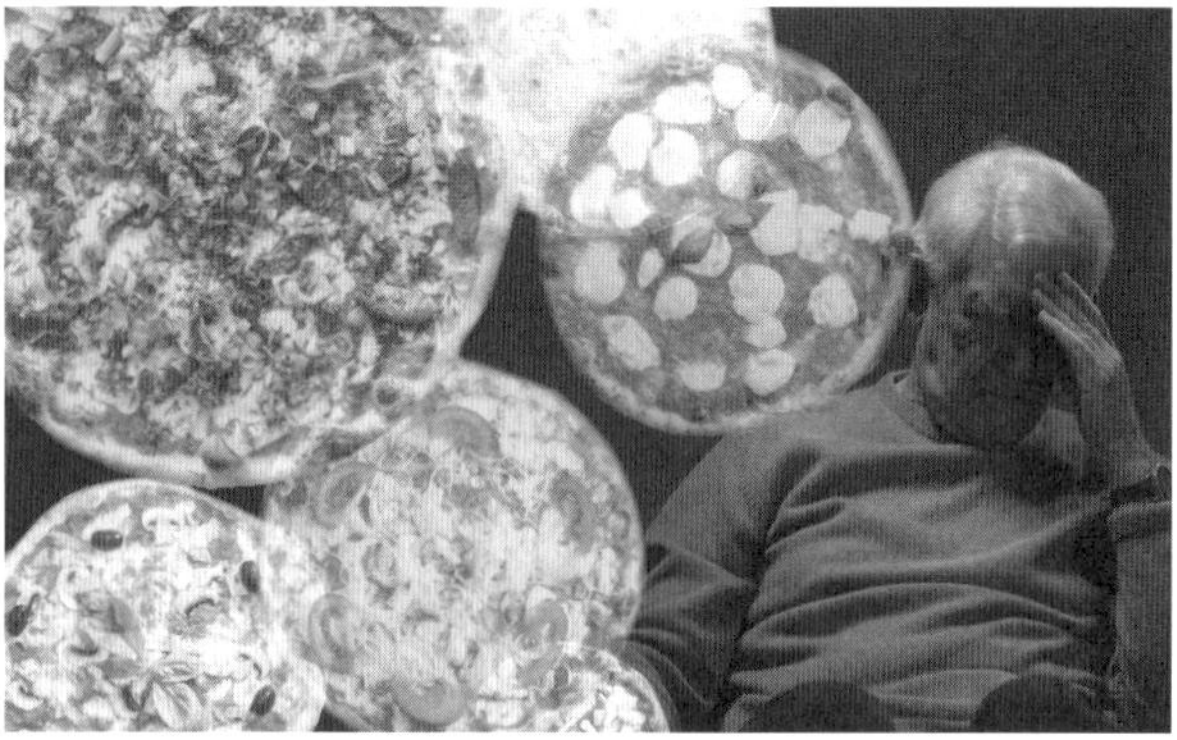

=被害者宅への配達だけはしないなど、いくらでも手段はあるはずです。

それを何の対応もしないまま10年間もイタズラの宅配をし続ける業者がいるとしたらさすがにおかしいし、第一その**ピザ屋は無能すぎて10年間も経営を続けられない**のではないでしょうか。僕は正直、作り話じゃないのかと思ってしまいました。

しかしもしこの話が本当だとしたら、被害者に対してかなり気合の入ったアンチが存在するということですよね。YouTube界隈でも、ある程度有名になるとアンチはつきものだといわれていますが、実際はさほどでもありません。ただし、有名になったからとかなりイキったこ

とをしでかしてしまうとアンチが急増してしまいがちですが、それでもここまで悪質なケースはなかなか湧きづらいと思います。まあ相手がキレイな女性だったりイケメン男性だったりした場合は、ストーカーまがいの嫌がらせをされる例はあるけれど、かなりのことをやらかさないとこんなことをされないでしょうね。

　一体この被害者であるヤンさんは、何をやらかしたのでしょう？　とても気になります。ネット上で顔写真を拝見しましたが、パッと見は善良なおじさんにしか見えません。だとすると、理由もなく粘着されているわけで、それはかなり稀なケースだといえるでしょう。ちなみにヤンさんは以前から、ピザが食べたくなるとスーパーで冷凍ピザを購入することにしているとか。ピザを送りつけてくる犯人は、そんな**ヤンさんの習慣を知っている**のでしょうか？

　何より、毎日ピザ屋に注文の電話をするのだって、かなり面倒くさいはずですよね。そんなものすごい根気を持つ犯人は誰なのか？　まったくイメージが湧きません。

　ただ一つ犯人に言えることがあるとすれば、最近はウーバーイーツが普及してるのでぜひピザばかりではなく**栄養バランスも考えてデリバリーしてもらえたら幸い**です、ということくらいです。

◎ピザ屋が無能。作り話では？
◎ピザばかりじゃ偏るからバランスよくデリバリーしてあげてほしい

キリン10の秘密

その7 キリンの収入公開

みなさん、お金の話はなんだかんだで好きだと思うので、僕YouTuberとしてのお金事情についても赤裸々にお話ししていきたいと思います。

ご存じの方も多いとは思いますが、我々YouTuberの主な収入源は、動画の広告収入です。動画のジャンルによって広告単価はまちまちで、僕が普段投稿している動画は都市伝説や怖い話、アニメ、漫画、ゲームなど多岐にわたり、おおむねダークな話題や過激な話題が多いですが、どの動画も大きな単価の変動はなく、おそらく業界平均程度と思います。

肝心の収入について。1か月の広告収入はその月によってまちまちですが、ここ最近はだいたい1000万円～1500万円の間に収まることが多いのですが、12月や3月の広告単価が上がる月ではさらに金額は上がります。

そこから経費が引かれるのですが、僕の場合は動画制作チームにお支払いしている報酬もそれなりの金額になるので、収入を丸々もらえるわけではありません。さらにそこから税金でかなりの割合を持っていかれることになります。

その他にも「企業案件動画」というのがありますが、キリンチャンネルの場合は大体1か月に1本くらいのペースでお仕事を受けています。これまでは案件の依頼が来るのを待って

いるのみだったのですが、最近はこちらから営業をかけることもあります。
それから、今年スタートしたオリジナルのアパレルブランド「KILMINA」も好調で、まだスタートして間もないものの、既に数千万円の売り上げを出しています。アパレルに関しては前述したようにもともと洋服に興味があったこともあり、楽しく活動できています。
キリンのアニメチャンネル「秘密結社ヤルミナティー」も、先日チャンネル登録者が50万人を突破するなど成長を続けていて、こちらのプロデュース収入もあります。アニメチャンネルの運営は、基本的には「株式会社Plott」という制作会社にお任せしているので、収入の割合としてはそこまで大きくはないです。
また書籍の印税収入もあるのですが、他のお仕事と比べて執筆にかかる時間が膨大なので、書籍に関しては収入目的というよりもどちらかというと「やりたくてやっている」という感覚です（笑）。
いかがだったでしょうか？　以上がざっくりとした僕のお金事情になります〜。

その8　キリンの童貞について

最近では動画のネタにする機会が減っていますが、僕は自身のことを「世界童貞」と称し、童貞キャラを全面に押し出していたので、「キリンは本当に童貞なのか？」という疑問が気になりすぎて夜しか眠れないという狂信者の方が約810人ほどいるかもしれません。ビジネス童貞という噂も絶えない僕ですが、その疑問についてお答えしたいと思います。

これは定期的にYouTubeでライブ放送をしていた頃に話したことでもありますが、僕の中での童貞の定義とはずばり「心の童貞」を指します。

では、「心の童貞」とは何なのか。それは「セックスをしたことがない」という意味ではありません。「心の童貞」とは、セックスに限らずありとあらゆる体験において初めて、あるいは初めてであるかのように真っ向から相対することができず、腫れ物を扱うかのように臆病になってしまうことを言います。

みなさんの中にもこんな思いを抱えている方はいるのではないでしょうか？

女性が苦手でうまく会話ができない。大勢の前で話すのが苦手。何かのプロを目指したり、起業や転職、海外留学など新しいことにチャレンジしたいが勇気が出ない。

もちろんこれらの原因は一様ではありませんが、多くの場合は経験不足による「自信のなさ」が原因の一つとなっているのではないでしょうか。

ですが、見方を変えれば「童貞」は可能性の塊と言えます。何かに対して憶病になっているということは、実際に行動に移したかどうかは別として、何かに挑戦しようとしている状態、もしくは挑戦しようと思った結果です。もしその対象を克服できた場合は単純に成長したと言えるし、挫折した場合でも何らかの学びを得たり、次の行動指針とすることができるはずです。本当に恐ろしいのは、「臆病」であることすら捨ててしまうことだと思います。

そう考えると、「童貞＝セックス未経験」と捉えるのは非常に視野が狭いと言わざるを得ません。そういった意味で僕は世界童貞ですし、みなさんも素人童貞なのです。

現に僕は、無条件でモテまくるイケメンへの嫉妬心が尋常じゃありません。それに、ミッキーが着ぐるみの中身を決して見せないように、キリンが本当に童貞なのかを一体誰が知りたいというのでしょうか。釣りタイトルっぽくなってしまったことに関しては、心から謝罪したいと思います。

第5章

語り継がれる伝説の真偽

36 巨大掲示板に現れた謎のスレ「消えたとてうかぶもの」

今から実に19年前の2002年、巨大掲示板「2ちゃんねる」(現・5ちゃんねる)に意味不明なスレが立った。そのタイトルは「消えたとてうかぶもの?」。

スレッドの内容を要約すると、以下のとおり。

掴もうとすると消えてしまう「それ」が自宅にある。例えば台所に浮かんでいる「それ」を取ろうとしても、消えてしまうのだという。

一体これは何なのか。友達に言ってても相手にしてくれない。そして、スレは思わぬ方向へ進む。

スレ主が、意味不明な文章をさらに垂れ流し始めるのである。

よく読んでいくと、スレ主には別の人格が存在し、現在書き込んでいるのはその人格の可能性が高いという。しかもスレ主はなぜか突然、自宅の電話番号までさらす。

その後しばらくして、スレ主は姿を消してしまった。

「このスレを立てたのは私ではない」と言うレスを最後に……。

スレッドでは、本当に別の人格がレスしていたのだろうか?

ちなみに、本人がさらした電話番号に連絡をしたというスレ住民の書き込みがある。そこには、「多分ご本人は真剣である」「本当に起きていることらしい」「スレ主は女性だった!」「スレ主はきっと多重人格だ」というものが多かった。

電話に出たのは女性=スレ主は女性の可能性が高く、おそらく多重人格であろう。

結局スレからは、それくらいの情報しかわからないのだが、なぜか不気味で不可思議な雰囲気が漂っている。

キリンの考察

ずばり、芸術家肌のメンヘラ女子の仕業

僕も非常に気になったので、もう少し詳しく知りたくなり、当時のスレを見つけて隅々まで読んでみました。そのスレから得た情報を整理してみると、こんな感じです。

●スレ主は物が浮かんでは消えていく現象に悩んでいる

●「物」は何か不明だが、とにかく浮いている。それを掴もうとすると消えてしまう

●「物」は消える時に抵抗している。その時の反発した力によって消えているのではないかと推察できなくもない

●鏡に映っているスレ主は本当の自分ではない（その他にも、何かに映る自分は全部別人）

●鏡に映った自分（スレ内では〈あ〉と表現）に引っ張られ、スレ主は外国には行けない

●スレ主自身が、自宅と思われる電話番号をスレ内に書き込む

●さらされた電話番号に、心配に思ったスレ民たちが電話をかけ始める

●スレ主は自分が〈あ〉なのか、現実に存在している「自分」なのかわけがわからなくなる

●突然、今までのレスを書き込んでいたのは自分ではないと書き込み、その後消息を絶つ

僕が出した結論としては、このスレ主はおそらく**「メンヘラ女子」**だと思いました。

ゆえに、**鏡に映った自分のことを「別人」だと言っている**のではないか？　つまり自分の中に「別の人格」がいて、鏡に映った時だけそれを確認できるのか、あるいは鏡に映るというアクションで別人格にスイ

ッチングしているような気がします。

電話番号までさらしてしまうというのはかなり危険ですね。

我々童貞からすると「ワンチャン」の可能性があるのかな？　と思ってしまいます。

結局「浮かんでは消えるもの」とは何なのか？という話

どうしてもわからないのが、このお話の最大のポイントである「浮かんでは消えるもの」が何か、という点です。

僕が最初に感じたように、メンヘラ女子である前提ならば、ただ単に幻覚を見ているに過ぎないという可能性が高くなるわけですが。

では、メンヘラ女子ではなかった場合は……？

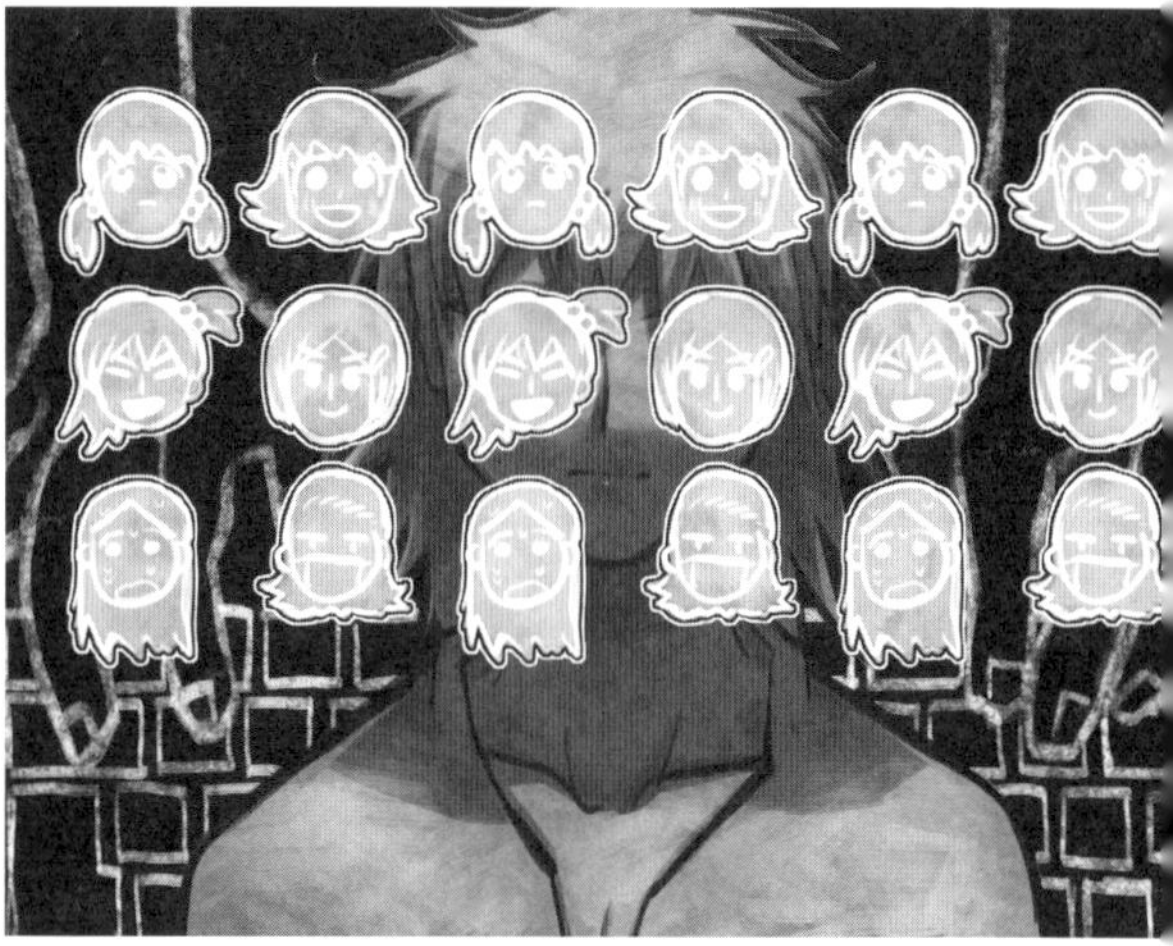

「霊道」が通る「事故物件」に住んでいるために、いろいろな霊が浮かんでは消えるという「怪奇現象」としか考えられませんよね？

しかし、です。仮にこの女子がメンヘラではなく芸術家や画家や作家などの「クリエイター」だと仮定すると、またちょっと違う可能性を考察できるんです。

もしかしたら「浮かんでは消えるもの」は、**芸術家が作品を創るときに浮かぶアイデアが具現化したもの、**とは考えられないでしょうか？

何か作品を生み出そうとするプロ

セスの途中で、アイデアがどんどん浮かんでくる。でもそのアイデアはどれも自分が求めているものとは違っているから消えてしまうとか……。「掴もうとすると抵抗して消える」という現象は、自分が求めているものと違うものをリアルに実感してしまい、それが「いや、このアイデアじゃない！」という精神の抵抗という形で現れ、消えていく……。非常に哲学的な考察で恐縮です。

　つまり、「それ」はメンヘラ女子の幻覚かもしれないし、実在しているお化けかもしれないし、作品のアイデアだったのかもしれないということです。シンアナ。

◎ スレ主はメンヘラ、または芸術家の女子
◎「浮かんでは消えるもの」は芸術によるメタファーか、女性が住んでいる部屋で起きている怪奇現象

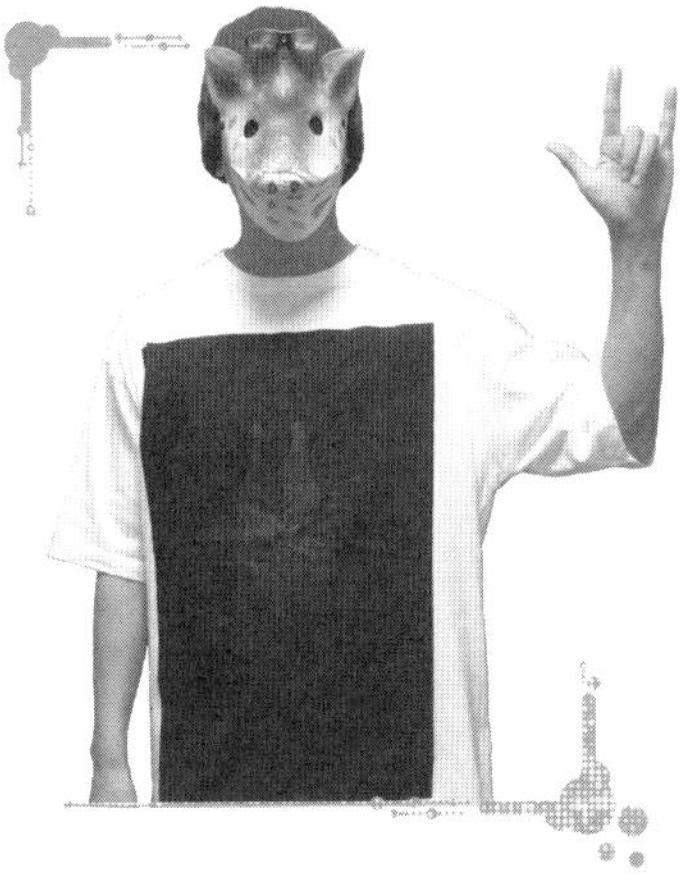

37 隣家から届いた脅迫状と、まぼろしの犬

　ある日の早朝、Mさん宅の新聞受けに一通の手紙が投函されていた。

「自治会長をやっている者だが、お宅の犬の声がうるさい。フンの始末もされていない。執筆活動の邪魔になるので出ていけ。さもなくば、家族がどうなっても知らないぞ」

　差出人は隣家の住人。ご丁寧に自宅を盗撮した写真も添えられていた。

　Mさん宅では確かに犬を飼っていたが、かなり前に死んでいる。それでも、とりあえず近くの交番に相談し、隣家の住人宅へ菓子折りを持っていくことにした。

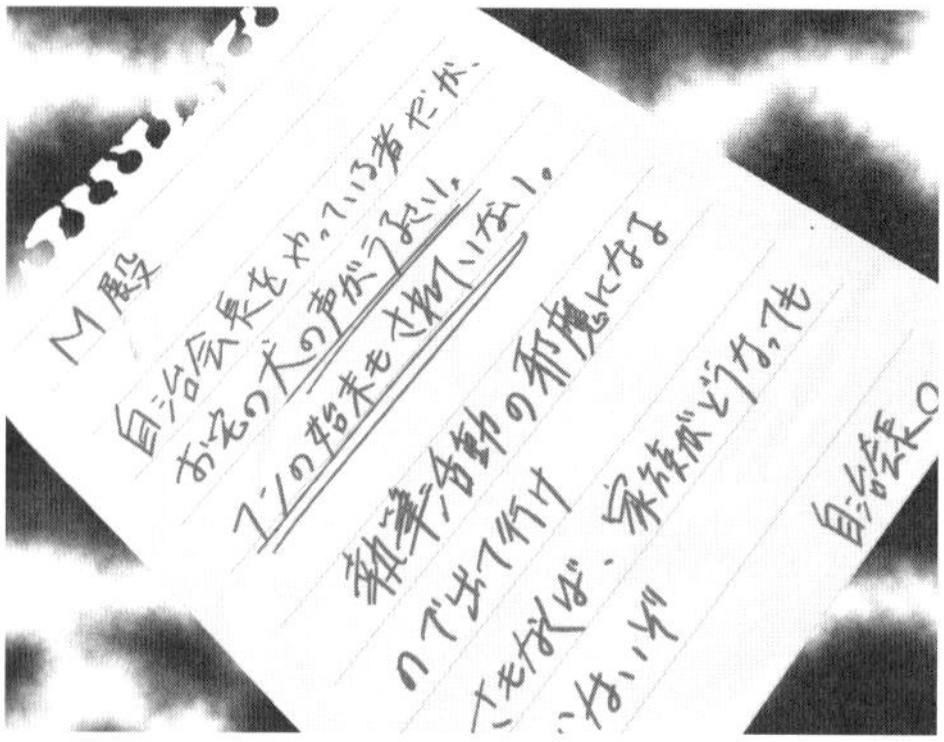

　玄関から出てきたのは、教師をしていたという70歳過ぎの老人男性。背筋がピンと伸びて年齢より若く見える上に、実際に話をしてみると手紙に書かれているような過激なことをする人とは思えないほど穏やかな性格だった。
　老人が言うには、明け方になるとMさん宅から小型犬の鳴き声がし始めるという。老人は夜中に執筆して明け方に就寝するため、その声がうるさくて眠れないそうだ。
　そう言われても、Mさん宅に飼い

犬はいない。それでも老人は「実際に姿を見ている」と言う。Mさんは仕方なく老人に自宅室内を見せることにした。老人は目を皿のようにして犬を探していたが、当然いるはずがない。あきらめた老人は、Mさん家族に謝罪をして帰っていった。

老人が証拠に撮った動画に映っていた恐怖の映像

ところが。2～3日後に老人はまた訪ねてきたのだ。しかもビデオカメラを持参して「今度はビデオで撮影した証拠がある！　やっぱり犬はいるじゃないか！」と言ったのだ。

ビデオを観てみると、そこにはMさん宅のリビングから庭に続く大きな窓が映し出されていた。深夜から明け方にかけて撮影したようで、周囲が徐々に明るくなっていく。

最初は何も映っていなかった。しかし明け方になると……どこからともなく小さな犬が庭先に入ってきて、カメラに向かって鳴き始めたのだ！

最初、Mさんは「野良犬が入ってきて鳴いていたのか」と思っただけだったが、ビデオをもう一度よく観直してギョッとする。そこに映っているのは確かに「犬」なのだが、前足と後ろ足が逆を向いている。つまり、カカトが前方についているのだ。やがて老人もその事実に気づき、顔面蒼白となって震えだした。

その不気味さに双方で「見なかったことにしよう」となり、ビデオテープはその場で焼却したのだが……クレームは本当だったのだ。

キリンの考察

お爺さんもMさんも全員がアレなのでは？

いやぁ……これはかなり不気味ですね。はっきりとしたオチもないし、こんなふうに「正体が見えない」という話には、逆にものすごくリアルを感じます。犬の飼い主も不明だし、犬が化けて出てきた目的も不明だし……そもそもこの犬は、実在しているのか？　はたまた幽霊なのか？　明け方になってMさん宅の庭にその犬が入ってきて鳴き始めたということですが、シーンと静まり返った早朝ならば犬の鳴き声はかなり響き渡るはず。しかしMさん一家は、誰一人としてその声を聞いていないわけです。

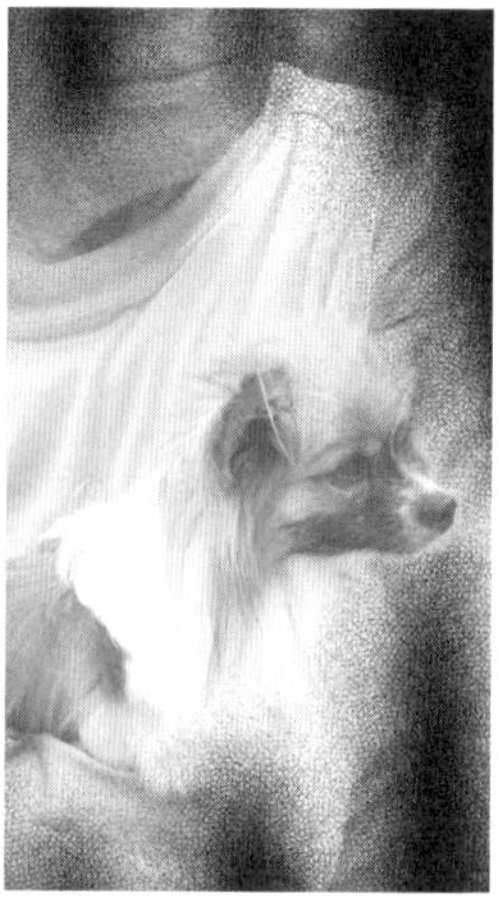

最初にこの犬の鳴き声を聞いたのも、目撃したのも、Mさん宅の隣人であるお爺ちゃんだけ。ということは、**このお爺ちゃんに何か原因があるような気がしますね。**もしかするとこのお爺ちゃん、子どもの頃にどこかの犬をいじめたり、意地悪をしたことがあるのではないでしょうか。または、飼っていた犬を捨ててしまったのかもしれないし、亡くなった隣家のワンちゃんのお墓をこっそり荒らしたのかもしれません。

そして一番気になるのは、犬の足の向き。前足と後ろ足が逆向きについているって、かなりの衝撃ですよね。僕だったらこのビデオを観たとたん、瞬間移動でサバンナに帰ってしまうと思います。

足が逆向きであることに、どんな意味があるのか考察するならば……

やはりこの犬は幽霊で、本来はあの世に向かうべきなのに、**この世にまだ未練とか他にまだ何かをやりたい気持ちがあったために、後ろ向きの足という形で具現化**してしまったのかもしれません。

　見た目は「異形」になっていますが、シンプルに考えれば「後ろ髪を引かれた」状態だったというわけです。となると、この犬は**Mさん宅で以前飼っていた犬である可能性**も捨てきれません！　Mさん一家との思い出が忘れられなくてさまよっていたのか、それとも生前はMさん一家に虐待されていたので、一発かますために化けて出てきたのか。二つに一つです。

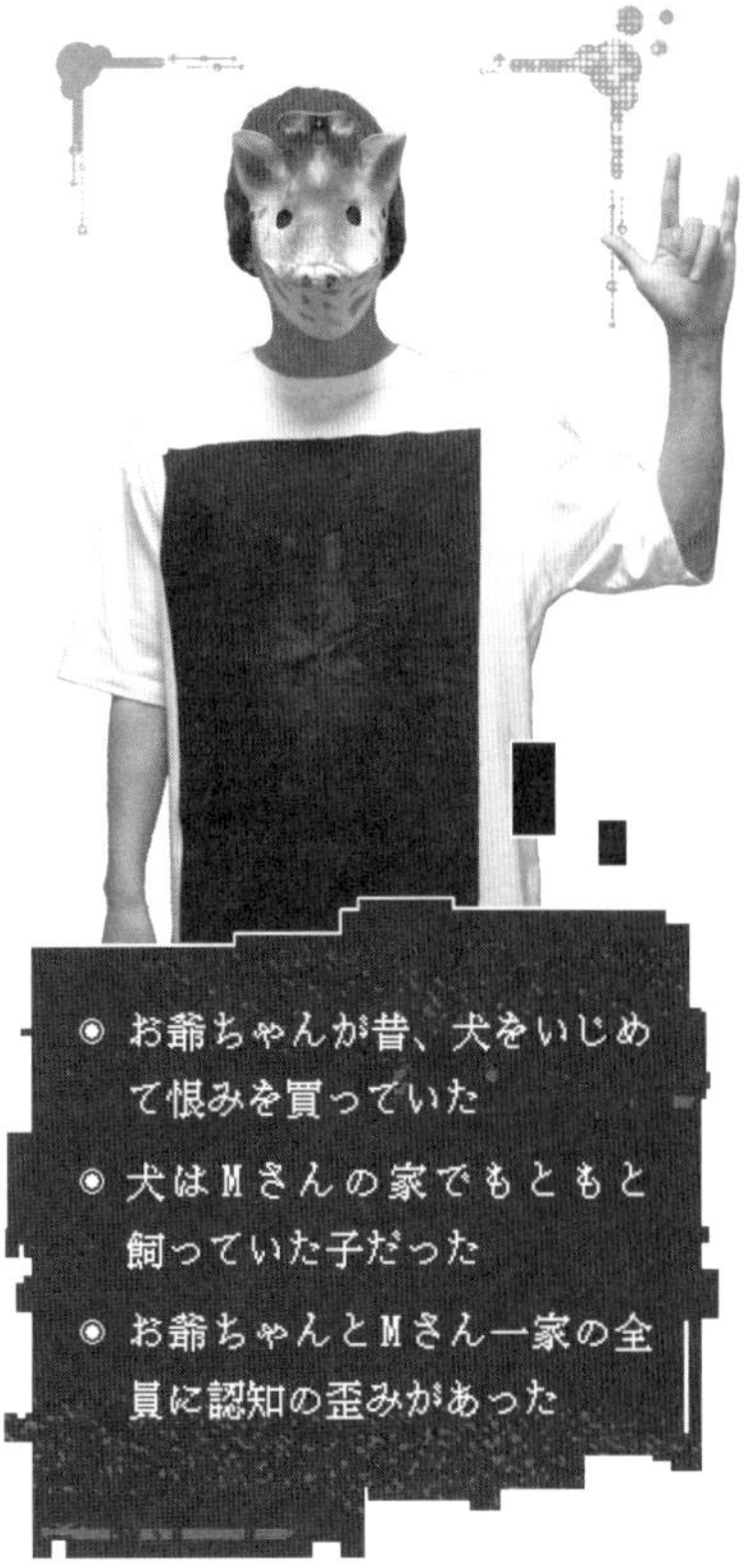
◎ お爺ちゃんが昔、犬をいじめて恨みを買っていた
◎ 犬はMさんの家でもともと飼っていた子だった
◎ お爺ちゃんとMさん一家の全員に認知の歪みがあった

それにしても気の毒です。この犬はおそらく後ろにしか進めないので、めちゃくちゃいろいろなところにぶつかるでしょう。

　そういえば自転車に二人乗りしているとき、後ろの人が後ろ向きに乗っているとめちゃくちゃ怖いですよね。もしかするとこれは、自転車の後ろに後ろ向きに乗っていた人で、顔が犬に似ていたという話である可能性も捨てきれません！

　そしてもう一つ。もしかすると、お爺ちゃんもを中心に全員が認知能力に問題があり、**認知×認知が奇跡的にシンクロした**……という可能性も捨てきれません！

38

某宗派の僧侶が受けた、ゾッとする依頼

これは某宗派の現役僧侶なる人物が、某巨大掲示板に書き込んだ「実話」である。お墓を建て直す場合、仏教ではもとの墓石から「魂抜き」をし、新たな墓石に「魂入れ」をするという儀式がある。しかし、その僧侶の宗派では基本的に行っていなかった。そこへ、Tと名乗る男性からそれらの儀式とともに骨壺の移動をしてほしいという電話がかかってきた。何でも、僧侶がかつて一緒に仕事をしたことのあるD氏の紹介を受けて連絡してきたという。僧侶は男性からの再三の依頼に根負けし、D氏の紹介ならばとしぶしぶ承諾した。

T夫妻は、海と山に囲まれた自然豊かな某県に仕事と住宅購入で最近引っ越してきたという。ところが昨秋、畑にする予定だった庭の一部を耕すと、牡蠣殻が大量に出てきた。そこで別の場所を掘り起こすと、おびただしい量の鳥の骨が出てきた。仕方がないので、牡蠣殻が出てきた場所をさらに深く掘ってみると、今度は豚の骨が出てきた。

ラップ音、謎の男の出現、そして2階には何と……

その直後から、家の中でラップ音が聞こえたり、家屋全体がガタガタと揺れ、男性の声やわけのわからない音などが聞こえるようになった。

土地の歴史を調べてみても、近隣に多くの屠殺場があった記録が見つかったのみ。これで豚の骨については腑に落ちたものの、大量の骨や貝殻の処理を夫婦2人でできるはずもなく、役場に相談したのだが……。

「役場の人間が視察に来ると、ブルーシートの下に集めておいた骨がなくなってしまい、立ち去るとまた元どおりになっている」という不可解な現象が起こり始めた。しかもその直後から、汚いシャツを着た男性までうろつくようになった。もちろんこの世の人間ではなかったという。

この話を僧侶がT氏宅のリビングで聞いていると、家屋が軋む音や激しいラップ音が鳴り始めた。意を決して庭に足を運び、ブルーシートの下にある骨に触れてみると、どこからともなく汚い作業着の男性が出現し、T氏宅の窓枠を掴んで家全体を揺らした。服装は異なるが、おそらくT氏の話に出てきた男性の幽霊だろう。

しかし僧侶が強く念仏を唱えると、男はあっけないくらいにフッと消えてしまった。するとT夫妻は「次はいよいよメインのお墓ですね」と喜びながら僧侶を2階へ誘った。それは、ある日突然に2階の一室に出現して宙に浮いている「お墓のようなもの」だという。2階の部屋へ行くと、そこには確かに30～40cm四方の黒い墓石のような物体が浮いていたが、僧侶の目の前で瞬時にサナギのような形にトランスフォームした。

ギョッとしながらも読経を始めると物体は「バンッ！」という爆音とともに弾け、音と異臭を放ちながら徐々に消失。その後、「白檀」の線香の香りが漂い始めたそうだ。

帰宅後、僧侶が3年ぶりにD氏に連絡をすると、D氏の妻から電話口で「Dは3年前に他界しました」と告げられたのだった。T氏に電話して尋ねてみると「もう済んだことですから、いいじゃないですか」とはぐらかされ、電話を切られてしまったという。すべては謎のままである。

キリンの考察

謎が多すぎる話。しかし一点、気になるところが

いやあ……これはすごく怖い話ですね。結局、依頼者であるT氏の目的は何だったのでしょうか? いやそもそも、T氏って何者なんでしょうか。紹介者だと言うD氏から聞いていて、今回依頼してきたと考えるのが最も自然な流れではあります。

しかしそれならそれで「故人のD氏から以前伺っておりまして」と伝えればよいものを、正直に言わなかったところに疑問が残りますね。

ふと思ったのですが、T氏は当初、地元の神社仏閣などに相談したり、お祓いを依頼したりしたのではないでしょうか。ところが、近隣の人々はこの家にまつわる何かしらのいわくを知っているから誰も引き受けてくれなかった。そこで、名前を聞いたことのある僧侶に連絡をしてみようと思い立った……藁《わら》をもすがる思いであったなら、嘘をついた気持ちもわかるような気がしますけど。

しかしこの話の謎は、まだまだたくさんあるんです。

出土した骨は?作業着の男は誰だったのか?宙に浮いている墓石のような物は?僧侶の知人であるD氏はなぜ死んだのか?しかし結局はネット系にありがちなオチもなく、何も解明してない点が、何よりも不気味で恐ろしいですよね。

そこで、僕なりに考察してみました。**墓石のようなもの。これがすべての元凶**です。異臭はしたものの、最後は白檀の香りがして消えたというのが、この墓石もどきの特徴ですよね。**そこで注目したいのが「白檀」です。**これは、仏具や線香の原料に使われる植物で、最初は普通に育っていくのですが、途中から他の生物に寄生して育つんです。

この白檀という寄生植物を怪異の主軸に置くと、**男性の幽霊や怪奇現**

象は、**すべて「寄生タイプ」の「悪霊」**なのではないかと考えられます。

まず僧侶をT氏に紹介したというDさんですが、実は悪霊が原因で3年前に他界しており、今度はD氏と関わりのあったT氏がその悪霊に寄生されているのではないか……?

となると、**「黒い墓石のようなもの」こそが「悪霊の正体」**ということは明白です。僧侶の読経によって黒い墓石もどきは消失しましたが、その一段階前にサナギ状にトランスフォームしたことを忘れてはいけません。つまりサナギの消失=サナギの孵化ということで、これからもっと恐ろしいことが起こるでしょう。

それはずばり、T氏の「死」です。実はT氏、そのことを知っていて、サナギを僧侶に押しつけるために目的を偽って呼んだのかもしれません。

残る疑問は、庭に埋められた牡蠣の殻と豚の骨ですが、これはおそらくT氏の前の住人が、**トッピングに牡蠣を入れるという珍しいタイプの豚骨ラーメン**を提供するラーメン屋だったのではないかと推測されます。

そして最後にもう一つ。作業着姿の男性の霊は特に危害を与えることもなくお経ですぐに消えてしまったことから、**僧侶に忠告をするために現れたDさん**だったのではないかと、考えたいですね!

◎ 寄生植物である「白檀」が鍵。黒い墓石は寄生タイプの悪霊!

◎ 牡蠣の殻は前の住人が牡蠣豚骨ラーメン屋だったから!

◎ 作業着の男性の霊はDさん!

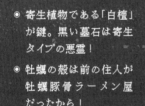

39

神社で出会った不思議な男の子の話

これは、Hと名乗る男性が、某巨大掲示板に書き込んだ話。

彼は子どもの頃、家庭の事情で一時的に両親と離れて母方の実家で暮らすことになった。引っ込み思案だったH少年には友達もなかなかできず、休みの日や放課後は山で一人で遊ぶのが日課になっていた。都心に住んでいたH少年にとって山は興味深く、初めて見るものばかりで楽しみは尽きなかった。だが山をだらだら歩いたり、自分だけの道や遊び場を作るといった一人遊びをしながら、時には泣いてしまうこともあった。というのも当時、H少年の両親は、生まれつき体の弱い弟にかかりっきりでかまってもらえなかった上、一時的とはいえ、両親とも離れて暮らすことになってしまったからだ。

そんなある日。H少年は道に迷ってしまい、山の中をさまよっていると、美しい神社に辿り着いた。H少年はホッとしながらその神社でしばらく休んだ後、無事に祖父母の家まで帰ったそうだ。

以来H少年は、その神社がすっかり気に入り、よく遊ぶようになった。そしてしばらくすると、弟の体調がよくなったと連絡があり、H少年は東京の自宅に帰ることになった。そこで最後にお別れを言おうと神社へ足を運ぶと、境内に小さな狐の木像がポツンと置いてある。H少年は、記念にそれを持ち帰ることにした。

九死に一生を得たとき忘れていた狐の像が……

それから月日が経ち、無事20歳を迎えたH君は、あの狐の像のことなどすっかり忘れていた。その半年後、H君は車でのドライブの帰り道に単身事故を起こしてしまった。車は廃車となったが、H君は幸い軽い怪我だけで済んだという。その後、車に残っている荷物を取りに行ったところ、何とあの狐の木像が車内にちょこんと置いてあるではないか。

「何で？　何年も見てなかったのに。車も買って1年だから、あるはずないのに……」

あれこれと考えを巡らせたH君だったが、最終的には「この狐の木像が自分をあの事故から助けてくれたのだ」と思うようになったという。

ならばお礼をしなければならない。そう思い立ったH君は、久しぶりに母方の実家を訪ねたが、祖母に聞くと「そんな神社はないよ」と言われ、実際に足で探しても見つけることができなかった。確かに毎日、あの神社で遊んでいたのだが……「同い年くらいの男の子と一緒に遊んでいるって、あんた毎日楽しそうに話していたよ」と祖母は言う。

必死に記憶を掘り起こしてみると、確かに同じ年代の男の子とよく遊んでいて、最後にあの狐の木像をもらったことを思い出した。

「ずっと友達だよ。君は一人じゃないから。これはお守りね」

男の子にそう言われ、自分もずっと友達、絶対忘れない、と言った気がする。そのとき、男の子は少し悲しそうな表情をしていたような……。

一連の出来事が未だにさっぱりわからないが、あの木像をもらって以来、H君の性格は積極的になり、帰京後にたくさん友達ができたのは確かなことだ。ちなみにその狐の木像は、自宅の社にお稲荷さんと一緒に現在も祀っているという。

キリンの考察

実は僕らも不思議な体験の記憶を忘れているのかも

不思議ながらも心温まるお話ですね。実は僕も小学生くらいの頃、父親と一緒に近所の山によく行っていました。そして当時のキリン少年は就寝前、布団の中でアレコレと考え事をする際に、なぜか一人で山に行ってひたすら歩き回る妄想をしたものです。残念なことに現在は、就寝の際にXVideosにアクセスすることばかり考えてしまいますが……。

さて、このお話の謎は「狐の木像」と、事故後に思い出した「山で一緒に遊んでいた男の子」の2点に絞られます。まず「狐の木像」から着目すると、日本には古くから「稲荷様信仰」がありますよね。「命の根」を意味する「稲」が「生《な》る」ということで「お稲荷様」と名付けられた神様で、そのお使いとして働いているのが「おきつね様」であるという考え方が最もメジャーです。秋の豊作祈願から転じて金運アップや商売繁盛をもたらす一方で、粗末に扱うと祟られるともいわれています。

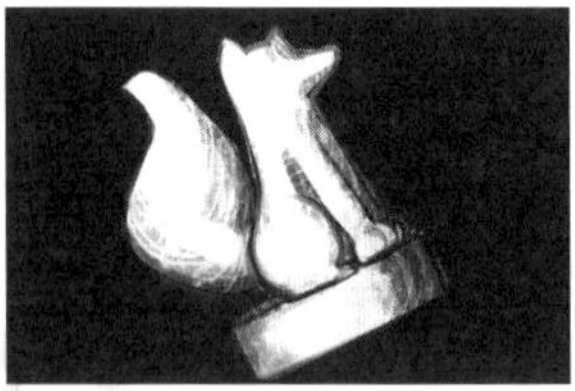

ちなみにお稲荷様が祀られている「稲荷神社」は全国に3万社もあって、その総本宮は京都にある「伏見稲荷大社」ですが、お稲荷様の元締め的存在が、伊勢神宮の外宮に祀られている「豊受大神宮」であることを知っている人は少ないと思います。

このようにいろいろな説がある狐さんですが、H少年にとってこの幻の神社と狐の木像は、山の神の意思を伝えるアイテムであったのではないでしょうか。孤独な少年が山で遊ぶことに楽しみを見出したことに対して、山の神も喜んでいたのかもしれません。おそらくH少年は山を汚すような遊び方はしていなかったのだと思います。

となると、神社で出会った男の子は**山の神のお使いか、あるいはトトロみたいな山の精霊**だった可能性が非常に大きいような気がします。あるいはこの男の子、**山で亡くなった幽霊**かもしれません。そこへちょうど同い年くらいのH少年が現れたことがうれしくて、一緒に遊んでくれたのではないかと考えると、ちょっと切なくなりますね。もしこの男の子が遠い昔に亡くなっていたとしたら、もはや幽霊ではなく、やはりトトロ化しているような気もします。

またあるいは、H少年が友達もできない消極的な生活を送っていたものの、潜在意識では「積極的になりたい！」と思っていたため、山という開放的な場所で**もう一人の自分が神社の少年となって出現**したのかもしれません。

まあ、H少年のように自分の生き方が変わったタイミングを明確に覚えている人って、そんなに多くないのではないでしょうか。もしかすると、実は僕らも幼い頃にこんな体験をしていて、忘れている可能性も考えられますよね。僕にもそんな体験があったから、今、世界童貞の道を歩み続けているのかもしれません。

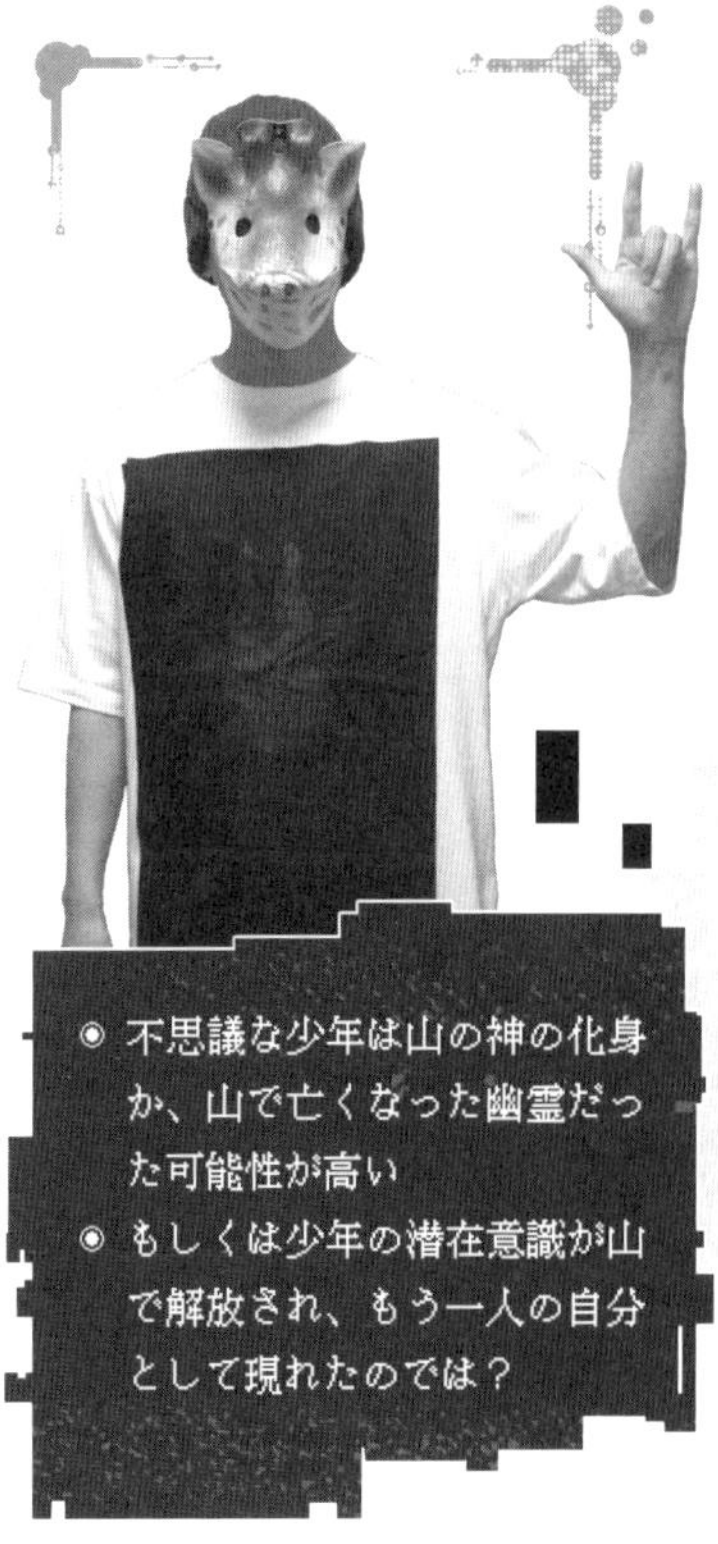
◎ 不思議な少年は山の神の化身か、山で亡くなった幽霊だった可能性が高い
◎ もしくは少年の潜在意識が山で解放され、もう一人の自分として現れたのでは？

40

真夜中に現れる謎の存在「フーデッド」

2012年のある土曜日の夜、米・ウェストバージニア州在住のマリーさんが長時間勤務から帰宅してソファでくつろいでいると、玄関で大きなノック音が聞こえた。

こんな夜遅くに誰だろうと思いながら、マリーさんはドアに忍び寄って覗き穴から外を見た。すると、玄関先には黒いパーカを着てフードを頭に被った2人の男の子が立っている。心配になったマリーさんはドアチェーンをかけたままドアを数cm開けてみた。すると、真っ白な肌をした2人の男の子が至近距離で立ち、うち1人が食べ物を要求してきた。あまりの不気味さにマリーさんは慌ててドアを閉め、施錠したのだそうだ。

黒いパーカに身を包み、フードを被っている謎の存在は「フーデッド」と呼ばれており、超常現象研究家のステファン・ワグナー氏によれば、目撃報告にはあるパターンが見られるという。マリーさんの体験はどちらかと言えば例外で、多くのフーデッドは真夜中に室内の暗がりに現れる。彼らはかなり威圧的で、外見も恐ろしいというのだが、それは目撃者が潜在意識下に抱いている不安と恐怖が体現化された存在であるという説もあるようだ。

フーデッドは昔から各地で出現例が報告されている

フーデッドの目撃例は、かなり以前から報告されている。

古くは1930年代初頭、ある少年が就寝中の部屋で黒い服を着た女性のフーデッドに連日遭遇。4日目の夜には浮遊しながら、ゆっくりと少年のほうへと向かってきた。同室にいた少年の父親がすぐさまロウソ

クに火をつけて照らしてみると、そこには真っ白な顔色で敵対的な眼差しをした女性の顔が……。思わず叫び声をあげると、フーデッドは消え去ったという。

また1997年の夏から秋にかけて、イギリス・デボン州南部にUFOや奇妙な航空機、神秘的なオーブ、巨大クラゲに見える空飛ぶ獣など、あらゆるUMA（未確認生物）の目撃報告が続出する中に、「フーデッド」の存在もあったのだ。それはローブに身を包み、フードを被った正体不明の人物で、月明かりに照らされながら地元の暗い森の周りをうろついていたそうだ。しかしそのフーデッドは、どうやらオカルト的な儀式に参加していたようで、現場には動物の死骸があり、バラバラに切断されていたという。悪魔崇拝の儀式のようにも思えるのだが、詳細は謎のままだ。

特にマリーさんの住むウェストバージニア州は、これまでもさまざまな超常現象が報告されている場所で、1950年代には同州のブラクストン郡フラットウッズを中心にUFOの目撃が相次いでおり、さらには、アメリカを中心に目撃例が報告されている「黒い目の子どもたち」＝「BEC」（Black Eyed Children）の中に、「フーデッド」が混じっているとも考えられているとか。

世界各地で目撃情報が相次ぐフーデッドは、すべて関係があるのだろうか。その目撃例が決して少なくない点が、さらなる謎を呼んでいる。

キリンの考察

単なるラッパー気取りの輩である可能性も否めません

実はマリーさんの住むウエストバージニア州のフラットウッドで、1952年9月12日に体長3mもある「フラットウッズモンスター」というUMAが目撃されています。そしてこの頭部がトランプのスペード形だと報告されているフラットウッズモンスターが、実は「フーデッド」なのではないかとの解釈もあるそうです。

人の姿をした超常的存在として世界各地で語られている「スレンダーマン」や「口裂け女」はかなり有名ですが、この「フーデッド」はその中でもちょっと異質な感じがします。

「黒いパーカを着ている超常的な存在」とのことですが、もちろんそうした不可解な怪物もいるかもしれません。しかしもしかしたら夜中に出歩いている、黒いパーカを着たただの人間か、あるいは何か犯罪に手を染めようとしている不審者かもしれませんよね。

　人間かUMAか。見分けをつけるのがすごく難しいという点において、このフーデッドはかなり現代的な都市伝説だと思います。これだけ見分けがつかなければ、一般人に紛れ込んで堂々と悪さをするようなフーデッドが、バンバン出現してもおかしくないでしょう。ただ、森の中をうろついていたフーデッドは、**確実にただの不審者**のような気がします。

　さらに、体長が3mもあるフラットウッズモンスターとフーデッドが同一人物だとしたら、パーカーのサイズはどうなるのでしょうか。XXXXXLですかね？　そんな大きな服は、ビッグサイズ専門店「グ

ランバック」あたりでしか買えないと思うのですが、一体購入ルートはどうなっているのかというあたりも気になるところです。僕が考察するにその正体は、おそらく前日に映画「8マイル」を観てその気になっている**エミネム気取りの輩**です。

フードを被って街を歩くって、すごくカッコよくてオシャレな感じがしますよね。でも僕の中では「フードを被って歩いていいのはラップができる人」という鉄則があるので、やってみたいけどやれないというジレンマに陥っています。これはきっとサングラスをかけて歩けるか歩けないかということと同じ感じで、つまりはイキったファッションに身を包むためには強めのメンタリティが必要だよ、ということなんです。

だからフードを被って登場し、かつ相手を脅したりカツアゲしようとしたりするフーデッドたちは、かなり強気なメンタリティを持っているわけで、フードを被れない我々は既に精神面で負けていると思います。

そして、ラップができるフーデッドがとてもうらやましいです。

きっとサングラスだってかけられるはずです。そんなフーデッドに本気を出されたら、絶対に太刀打ちできないので、遭遇したらおとなしく食べ物を差し出すか、猛スピードで逃げたらいいと思います。

◉ モンスターではなく、単なるラッパー気取りのイキリ野郎である可能性もあり
◉ フード付きパーカを着る資格があるのは本物のラッパーだけです！

41

山手線は、東京を護る結界になっている!?

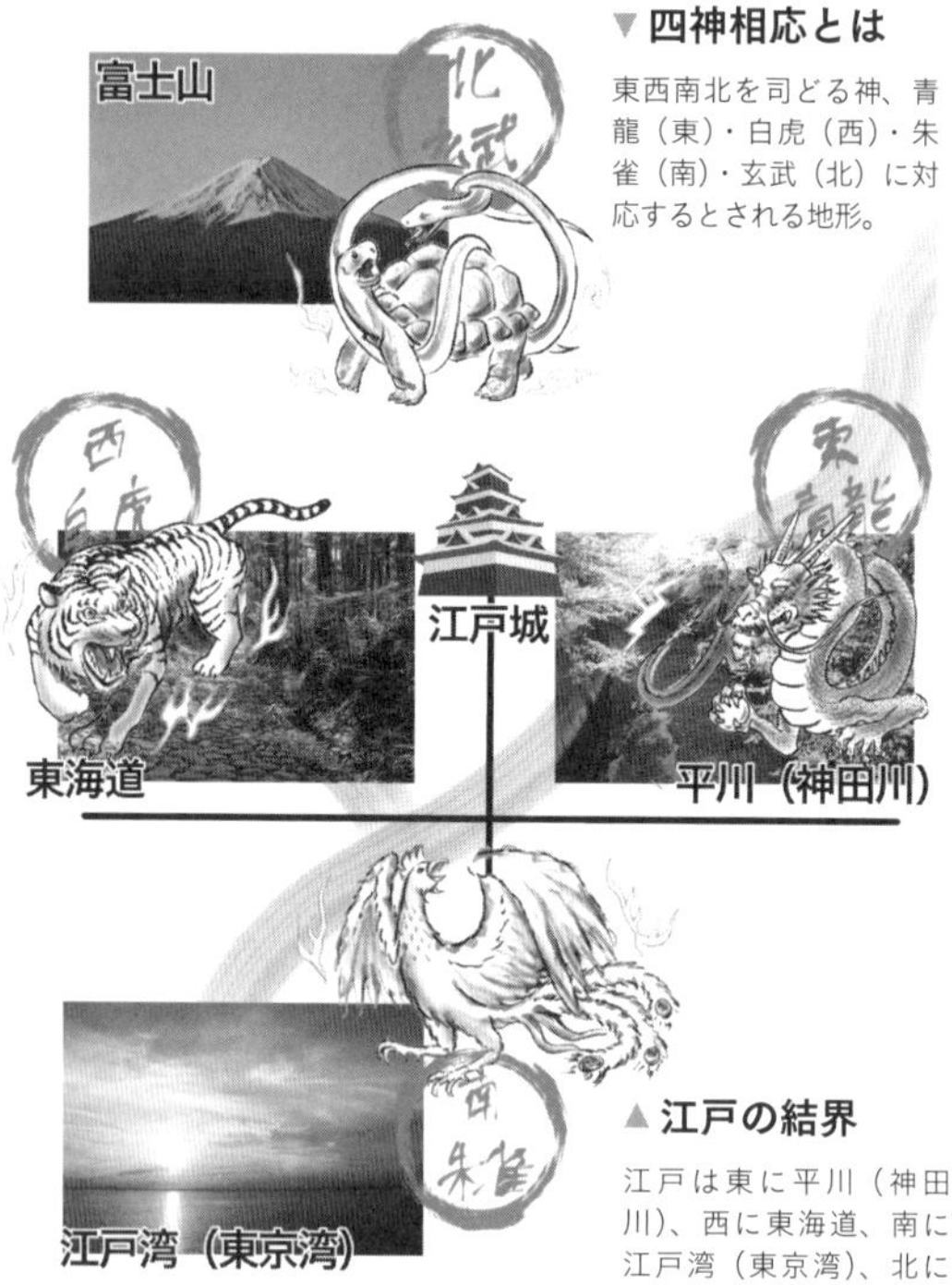

▼**四神相応とは**

東西南北を司どる神、青龍（東）・白虎（西）・朱雀（南）・玄武（北）に対応するとされる地形。

▲**江戸の結界**

江戸は東に平川（神田川）、西に東海道、南に江戸湾（東京湾）、北に富士山を置き、四神に護られた理想の都とされた

日本は、風水をベースにして都市づくりをしてきたというのは有名な話である。例えば、京都の平安京は、中国風水の観点から選ばれた「四神相応《しじんそうおう》」の地だった。風水と四神相応で完全に守られている京都は千年もの間、都であり続けた。四神相応とは、古代中国の陰陽五行説に基づく考え方で、風水での大吉の地相。東に青龍の宿る清い川が流れ、西に白虎の宿る大きな道が続き、南に朱雀の宿る広く開けた湖沼があり、北に玄武の宿るそびえる山がある土地は、栄えると考えられてきた

▼山手線は東京を守る結界だった!?

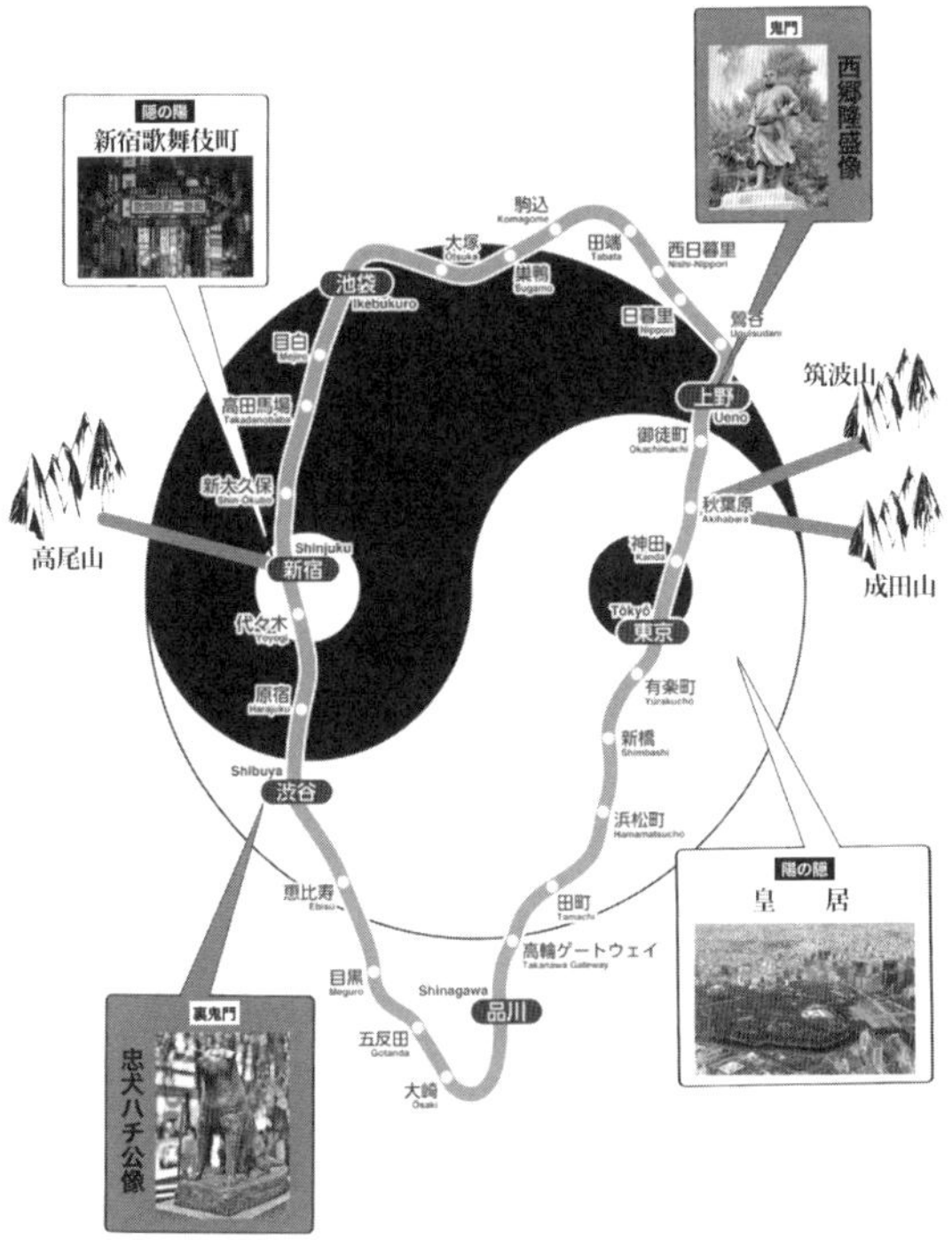
鬼門
西郷隆盛像
陰の陽
新宿歌舞伎町
陽の陰
皇　居
裏鬼門
忠犬ハチ公像
筑波山
高尾山
成田山
池袋
Ikebukuro
大塚
駒込
Komagome
田端
Tabata
西日暮里
巣鴨
Sugamo
日暮里
Nippori
鶯谷
Uguisudani
上野
Ueno
御徒町
Okachimachi
秋葉原
Akihabara
神田
Kanda
東京
Tokyo
有楽町
新橋
Shimbashi
浜松町
Hamamatsucho
田町
Tamachi
高輪ゲートウェイ
品川
Shinagawa
大崎
五反田
Gotanda
目黒
Meguro
恵比寿
Ebisu
渋谷
Shibuya
原宿
Harajuku
代々木
新宿
Shinjuku
新大久保
高田馬場
目白
Mejiro

のだ。

　そして次の都となった江戸も、四神相応を基準に選ばれている。江戸は、東に平川（現・神田川）、西に東海道、北に富士山、南に江戸湾（現・東京湾）があり、ここが幕府の本拠地にふさわしいと判断されたのだ。こうして風水を取り入れながら都市整備がなされ、令和時代となった今でも、東京には風水パワーが未だ息づいているといわれている。

　そこで知っておきたいのが、東京の都市伝説「ＪＲ山手線と中央線による鉄の結界」だ。

　ＪＲ山手線と中央線の路線図を見ると、陰陽道の太極図が浮かび上がり、これが大都市・東京を護る結界

▼もう一つの東京結界

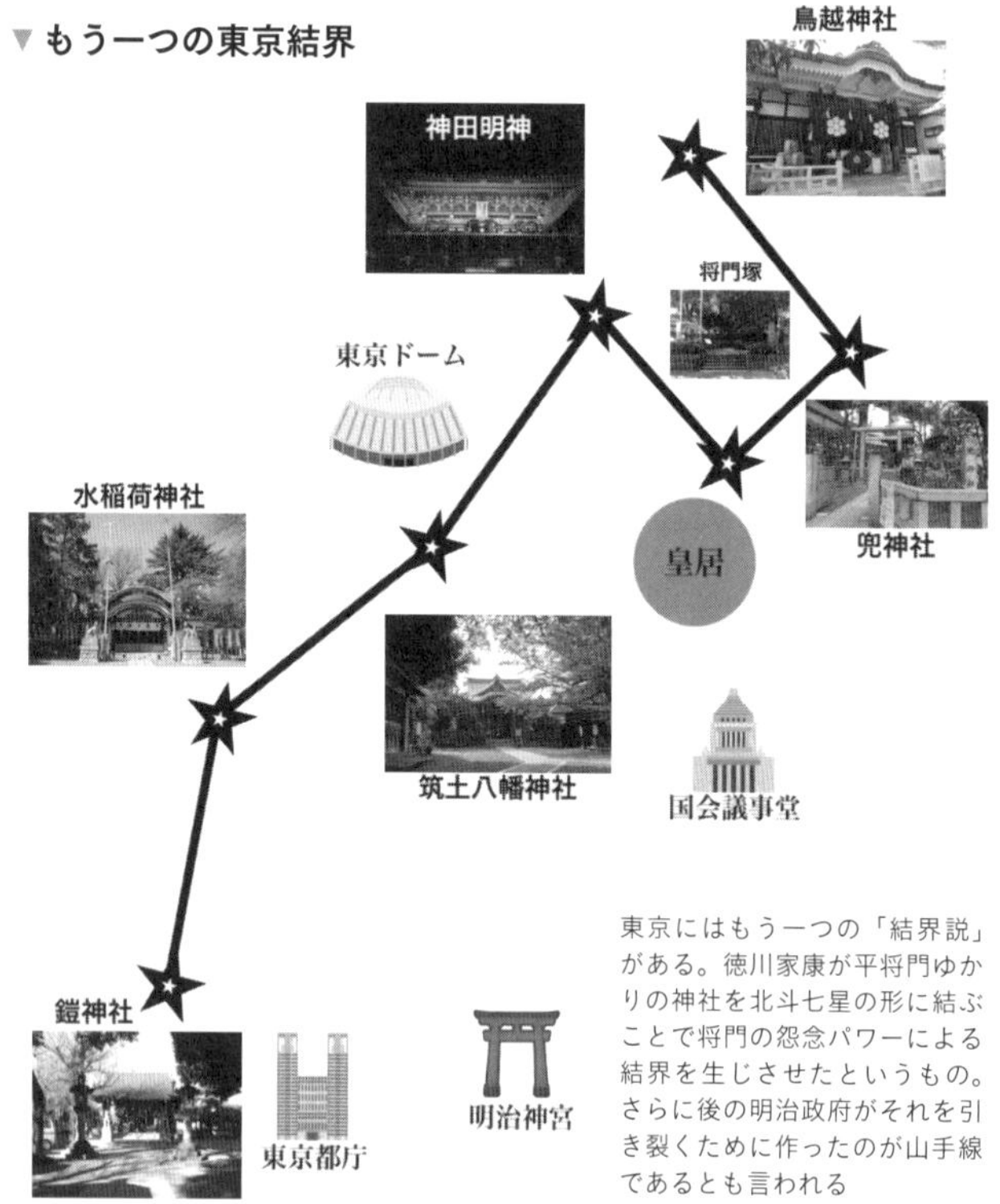
鳥越神社
神田明神
将門塚
東京ドーム
水稲荷神社
兜神社
皇居
筑土八幡神社
国会議事堂
鎧神社
東京都庁
明治神宮

東京にはもう一つの「結界説」がある。徳川家康が平将門ゆかりの神社を北斗七星の形に結ぶことで将門の怨念パワーによる結界を生じさせたというもの。さらに後の明治政府がそれを引き裂くために作ったのが山手線であるとも言われる

になっているという説である。

中央線は高尾山から、つくばエクスプレスは筑波山から、総武線は成田山から「気」（エネルギー）を運び、山手線一周に鉄の結界を張っているというのだ。

また鬼門にあたる「上野駅」と裏鬼門にあたる「渋谷駅」に狛犬代わりとして、犬を連れた西郷隆盛の銅像と、忠犬ハチ公の銅像を置き、山手線の結界の中を護っているらしい。

ちなみに仙台市内の青葉神社、大崎八幡宮、愛宕神社、榴岡《つつじがおか》天満宮、仙台東照宮、青葉城址の6か所を線で結ぶと「六芒星」が浮かび上がるとか。これも結界とみて間違いないだろう。

キリンの考察

古代中国において、道教のシンボルとなった太極図には「陽の陰」「陰の陽」と呼ばれる2つの小さな丸があるんですけど、これは陽の中にも陰があり、陰の中にも陽があるということで、この世には100%のものはないという考え方を表しているそうです。

　これを山手線に置き換えると、**陽の中にある陰「陽の陰」はちょうど「皇居」の位置になっていて、逆に「陰の陽」の場所が「歌舞伎町」周**辺にあたるらしいんですよね。

陽の中の陰である場所が「皇居」とは、そこに何か陰謀論じみたものを感じてしまいます。

　もしかすると皇居には、我々一般人が知らない深い闇が隠されているのかもしれません。

　そして陰の中の陽であるところの新宿歌舞伎町ですが、これは真っ暗な夜でも24時間ネオンが輝く眠らない街だから「陰の中の陽」なのかもしれないし、あらゆる欲望を満たしてくれるいかがわしいお店がたくさんあるという点で「陽」なのかもしれません。

　それにすぐ近くには、我らが小池百合子都知事の居城である都庁もあるので、**「陰の陽」とは我々の暗い心を照らす百合子の輝き**とも考えられますよね！

　ちなみに仙台の六芒星はこれ、伊達政宗の仕業らしいです。

結界と百合子に護られている東京都はこれからも繁栄するでしょう

42

呪詛代行アルバイトで起こり始めた怪異

２０１７年、とある掲示板サイトに「私は2年前まで呪詛《じゅそ》代行のアルバイトをしていました」という文章で始まる体験談が、男性S氏によって書き込まれた。

S氏は心霊DVD製作や御守り・占いグッズなどの通販を手がける名の通った会社でアルバイトすることになった。S氏が担当になったのは、依頼者から呪う相手の爪や髪の毛を送ってもらい、呪いのブードゥー系泥人形に入れ、呪文を唱えながら針を刺すという、いわば呪詛代行の仕事。しかもその様子を撮影して依頼者に送らなければならない。3か月経過して効果がなければ返金するというシステムで、返金率は7割ほどだったという。ところが仕事を始めて3か月経過した頃から、S氏にさまざまな異変が起こり始める。

次々と怪現象が発生。毎晩7人に取り囲まれ……

まずは全身にひどい発疹が出た。病院では「内臓からきている」ものだと診断された。やがて、飼い猫がS氏を避けるようになり、突然水槽が濁って熱帯魚が全滅し、庭の木が立ち枯れ、ゴキブリやハエの発生がひどくなり、本棚にムカデが挟まっていることもあった。

極めつけは、50代サラリーマンの父親が夜中の3時過ぎにパジャマのまま外出するようになり、1時間すると泥まみれで帰ってくることだ。しかも本人に外出した記憶はないというのだから気味が悪い。さらに、同居していた姉の3歳の娘が就寝中に自分で腹をかきむしり、血だらけになって受診するということまで起きてしまった。

その頃からS氏は、毎晩同じ夢を

見るようになる。

それは、自分のベッドの周辺を7人の見知らぬ人間が囲んでいるという内容。和服の寝問着のようなものを着ており、S氏を見下ろし何も言わずに首を振ったりしている。

同じ内容の夢をS氏は2

週間ほど見続けたというが、これらの異変に心当たりがあるとしたら、呪い代行のアルバイトしかない。S氏は、この一件を相談していた友人から紹介された、能力の高い占い師に鑑定してもらうことを決意。その結果はやはり「呪詛のためにどんどん悪い気が集まってきている」「特にブードゥー系はあなたの大切にしているものに災いが降りかかる」というものだった。そして夢の中でS氏を見下ろしていた7人は『みさき』といって、S氏を守っている先祖ではないか、とのことだった。

1週間後、S氏は呪詛のアルバイトを辞めた。するとすべての異変が嘘のように収まったという。

しかしその後、お盆の時期に家族で菩提寺に墓参したところ、墓石の下の納骨堂が見えるほど周囲の土が掘り返されていたという。

墓を荒らした犯人は誰なのだろうか……。

キリンの考察

占い師、ダウト!?
「七人みさき」の誤解釈

実際、僕の知人の、そのまた知人の男性も密教系の修行を重ねた後、「1000万円で相手を呪い殺します」というキャッチコピーを堂々と掲げたサイトを運営していたそうで、年に2〜3人ほど依頼があったといいます。呪いの成果を聞くと共犯になるような気がしたので、あえて聞きませんでしたけど……。

さて、S氏に降りかかった災いは、ブードゥー系呪詛の祟りであると考えるのが自然の流れだと思うのですが、僕的にどうしてもひとつ気になる点がありました。

それは、夢に出てくる7人はS氏のことを守護している「みさき」という存在であると占い師が答えているくだりです。オカルト好きなら、この「7人」と「みさき」というワードが、すぐに引っかかるはずです。

というのも、この2つのワードを合わせた**「七人みさき」とは、高知県をはじめとする四国地方や中国地方に伝わる集団亡霊**のことで、出会った人は高熱に見舞われて死んでしまうといわれるほど恐ろしい存在だからです。由来は諸説ありますが、中でも有名なのが安土桃山時代の戦国武将・吉良親実が切腹を命ぜられ、家臣7人も殉死した後、彼らの墓地でさまざまな怪異が起こり始め、親実らの怨霊を「七人みさき」と呼んだというものです。その他にも、広島で殺された凶暴な山伏7人の霊、平家の落人、海に落ちて死んだ女遍路など、元凶が異なる言い伝えが各地に残されています。

なのでこの話に登場する占い師は、かなり怪しい！　もしかしたら本当に7人の先祖がS氏を守っているのかもしれませんが、それが**「みさき」であると言った時点で既視感がすごい**です。それにしても友人はなぜ、こんなヘナチョコ占い師をS

氏に紹介したのでしょうか。ちょっと視点を変えてみると、金魚が全滅、庭の木が枯れる、墓が荒らされるなど、**S氏を襲った怪異は彼のことをよく知る何者かによる嫌がらせ**とも考えられるわけで、そのように受け止めたほうが現実的なのでは。

　では誰が、そんなことをしたのか？　S氏に占い師を紹介した友人というのが、かなり怪しいですね。気心の知れた仲のようですが、それだけに何か些細なことで恨みを買ってしまったのかもしれません。

　まさかその友人は、S氏が呪詛のバイトをしていると知り、別人の依頼者を装ってS氏の爪や髪の毛を送り、呪詛代行をお願いした……なんてことはありませんよね。いや、もしそうだとしたらS氏は、自分で自分を呪っていたことになるわけですが……ここはひとつシンアナ！　ってことにしておきましょう。

　ちなみにS君のお父さんが深夜に外出していた一件に関しては、おそらく**カブトムシを捕りに行っていた**んだと思います。

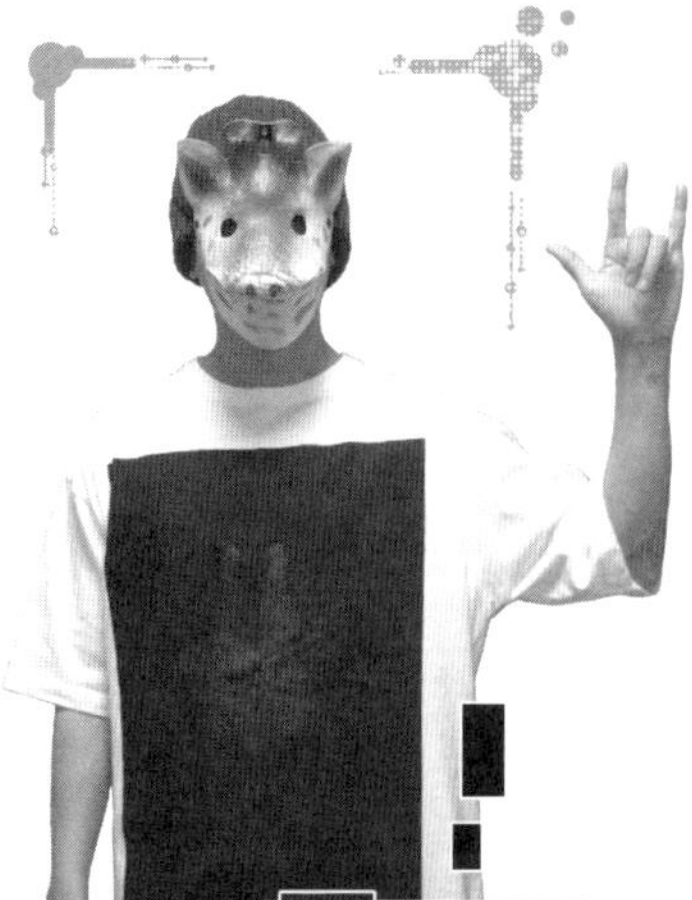

- 「七人みさき」は守護はおろか危害を加えてくる存在
- S君の友人の仕業である可能性も考えられる
- お父さんはカブトムシ狩りに行っていた

43 世にも残虐な貴婦人の〝不幸を呼ぶ〟絵画

19世紀初頭、米・ニューオリンズ社交界でその名を知られていた貴族、マダム・デルフィーン・ラローリーは、裕福で贅沢で退廃的な生活にふけっていた。

1834年のある日。かねてから「雇っている奴隷を虐待する部屋がある」と噂されていたラローリーの屋敷から火の手が上がった。目撃者の数人が屋敷の中に飛び込み、取り残された人たちを救おうとあちこちの部屋を見回っていたところ、噂どおりの奴隷の拷問部屋を発見。そこには切り刻まれた7人の奴隷たちの遺体が放置されていた。さらに床の穴からは腐敗した遺体が突き出ており、天井から吊るされた者は皮を剥がされ、引きちぎられた手足がグロテスクに散らばっていたという。近所の住民も、ラローリーの奴隷に対する虐待には薄々気づいており、地元の弁護士も「奴隷を不当に扱っている証拠が見つかったら彼らを別の場所へ移す」と、ラローリーに警告していた。それでも彼女はこの邪悪な楽しみをやめるどころか、敷地内でまだ幼い少女を鞭で追い回し、屋根まで追い詰めている様子を近隣住民に目撃されていた。その後、少女の遺体は庭の隅に掘られた浅い穴の中に放り込まれ、埋められたという。

明るみに出た自分の残虐行為を突きつけられても、ラローリーに反省の色はなかったため、怒った群集によって町を追い出された。その後はフランスに渡り、裁きを受けることもなく静かに隠遁生活を送り、62歳で生涯を終えたと伝えられている。悪党世にはばかるということか。

肖像画を描いた途端、奇妙な現象が起こり始める

ニューオーリンズ州に現在も残るラローリーハウス（©Zeitgeistagency）

ラローリーの屋敷はその後何度か持ち主が替わり、1970年代にはアパートに改装された。そして1997年。このアパートの持ち主は、未だ理由は不明だがラローリーの肖像画の執筆を依頼。しかし肖像画が完成して飾った時からさまざまなことが起こり始めたのだ。

ラローリーの所業を知らない人でも、この絵をひと目見ただけで体に異常をきたす人が続出。アパート内のあちこちでは、影のような幽霊が頻繁に目撃されるようになり、「マダム・ラローリーの幽霊だ」「いや悪魔だ」「ラローリーに殺された奴隷たちの霊だ」など、さまざまな噂が飛び交った。さらには肖像画がひとりでに動いて床に落ちる、見る者の心に鋭く入り込んでくる、どこからともなく声が聞こえてくる、冷たい手で触られる、ひとりでに物が動く、暗闇で名前を囁かれる、廊下を行ったり来たりする不気味な足音が聞こえるなど、多種多様な超常現象も確認されるようになっていったという。

肖像画を描いた画家は「絵をあんなに暗いトーンにするつもりはなかったし、描いている間に超常現象など起こらなかった」と証言している。ちなみにこの画家は、ラローリーの肖像画を数枚描いているが、本当に何も起こらなかったようだ。

現在、この肖像画は厳重に保管され、誰も見ることはできないようになっている。そして所有者もまた謎に包まれていて、追跡することはできない。

キリンの考察

肖像画そのものよりも、貴婦人の裏の顔が怖い

世の中には「呪われた絵画」と呼ばれるものが多数存在しています。

その中でも「世界一恐ろしい」と言われているのが、この「デルフィーン・ラローリー」という女性の「肖像画」だという触れ込みが、この絵画を紹介しているどのサイトにも書かれているのですが、他の呪われた絵画を紹介しているサイトにも、それぞれ「世界一恐ろしい」と書かれているので、一体どれが一番怖いのかよくわかりません。

ただ、このラローリーという女性が日常的に行っていた奴隷への拷問は、かなりひどかったようで……奴隷たちの多くは鉄の杭がついた首枷をはめられ、ほとんど頭を動かすことができない体勢で背中を何度も鞭打たれ、肉が盛り上がって骨が見えてしまっている者もいたのだとか。

後に判明したことですが、火事は意図的な放火だったそうです。これ以上、ラローリーの残虐な拷問に苦しめられるくらいなら、すべて燃やし尽くしてしまったほうがましだと思ったこの家のコックが火を放ったのだとか。拷問は、**焼け死ぬほうがましだと思うほど想像を絶する残忍なもの**だったのでしょう。100年以上経過した現在でも、この屋敷跡からは多数の人骨が発見されているというのですから、一体何人殺して、何人庭に埋めたのか……真実はわからないままでしょう。

しかしこのラローリーという人物、ニューオーリンズの上流階級では「優雅で知的な女性」として有名だったそうです。高貴な仮面の下に、残忍な本性を隠して微笑んでいる様子がありありと浮かんできませんか？ **肖像画の呪いよりも怖い**なと感じてしまいます。

パソコンに「ラローリーの肖像画」というワードを入れて検索する

ラローリーの肖像画と呼ばれる絵の一つ

と、何パターンかの絵画を確認することができます。そのどれもが、おっとりとした優しい顔立ちで、とても非人道的なことを行うようには見えないところもまた、この話の恐ろしさに拍車をかけていると思います。

果たしてこのラローリーの肖像画は本当に、数々の心霊現象を起こすほど呪われているのでしょうか？　ちょっと真面目に考察してみたいと思います。ちなみにこの肖像画を描いた画家には、不気味なことも霊的なことも一切起こっていません。ということは、もともとこの肖像画自体に問題があるわけでなく、惨劇が起きた敷地内にラローリーの肖像画が持ち込まれたことによって、彼女から残虐な行為を受けて命を落とし、**成仏できずにさまよっていた奴隷たちの霊が暴れ出した結果、数々の心霊現象が起きてしまった**のではないでしょうか。

なので、所在が明かされず厳重に保管されているというこの肖像画は、ラローリーの屋敷跡以外ならどこに飾っても大丈夫な気がします。

◉ 肖像画で霊が触発されたと考えられるので絵自体はおそらく無害。屋敷以外であれば飾って大丈夫！

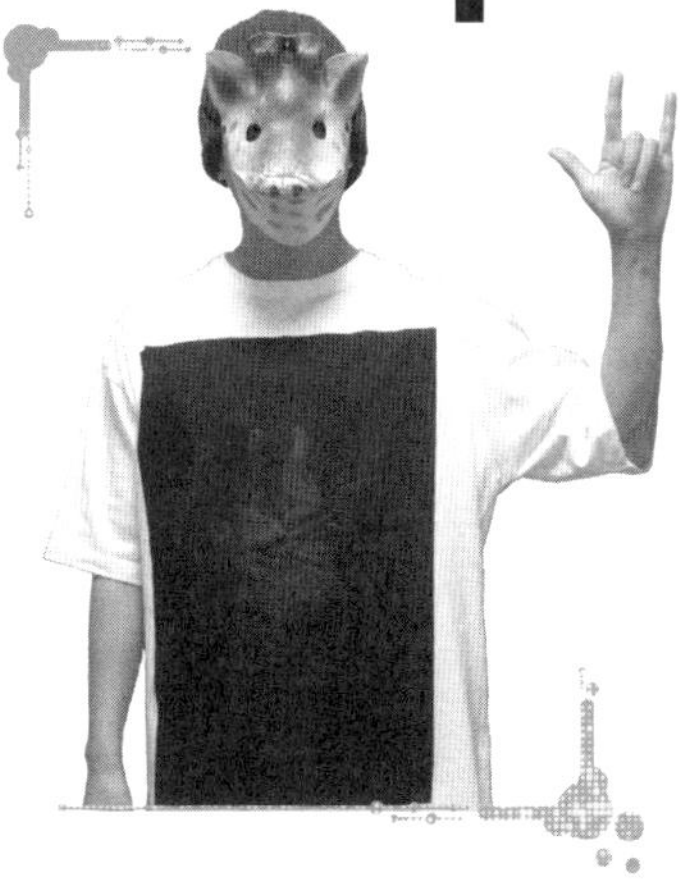

44 悪魔崇拝の印⁉「コルナサイン」の謎

オカルト界隈ではすっかり耳になじんだ秘密結社「イルミナティ」は、イエズス会の修道士だったアダム・ヴァイスハウプトが、バイエルン選帝候領（現・ドイツ）であるインゴルシュタットで1776年に創設した。そして、当時のバイエルン政府の弾圧により表向きには9年後に活動停止したとされているが、その系譜が受け継がれ、さまざまな陰謀論で取り沙汰されている。そして一部の人々の間では「イルミナティは今も歴史の裏側で暗躍し、世界経済を動かす影の権力者の結社だ」と信じられている。

そんなイルミナティには、自身が組織の一員であるということを暗に主張するためのハンドサインがあるといわれている。

世界中の人々が気軽に使用している「OK」ポーズや、片眼を隠すポーズもその一つであるとされているが、中でも蔓延しつつあるのが「コルナサイン」だ。コルナサインの語源であるイタリアでは「不貞」「背信」「侮辱」といった悪い意味で使われる。しかし古代ギリシャでは、悪運や邪視をはらう「魔除け」の意味があったため、現在も世界各地で魔除けのおまじないとして使用されている。

オバマ、ローマ法皇……名だたるセレブが多用

そんなコルナサインについての最も怪しい都市伝説が「イルミナティにおける悪魔崇拝のサインである」というものだ。立てている2本の指は、悪魔バフォメットの角なのだそうだが、14世紀後半のアラビア語の写本にもコルナサインをするサタンが描かれていたことが発端となって

いるのかもしれない。

しかし、多くの著名人や有名人がこのハンドサインを使っているのは確かなことと言えるだろう。オバマ元大統領、ブッシュ元大統領、サルコジ元大統領、マフムード・アフマディネジャド・大統領、ローマ法王（ベネディクト16世）、ヒラリー・クリントン元国務長官、故アラファト元議長などなど、世界の大国の政治家が多用しているのだ。

さらに、ヘビーメタル系のバンドのアーティストも多用されていて、「KISS」のジーン・シモンズ、「レインボー」「ブラック・サバス」の元ボーカルだったロニー・ジェイムス・ディオなどが、音楽界にコルナサイ

(Pete Souza, Public domain, via Wikimedia Commons)

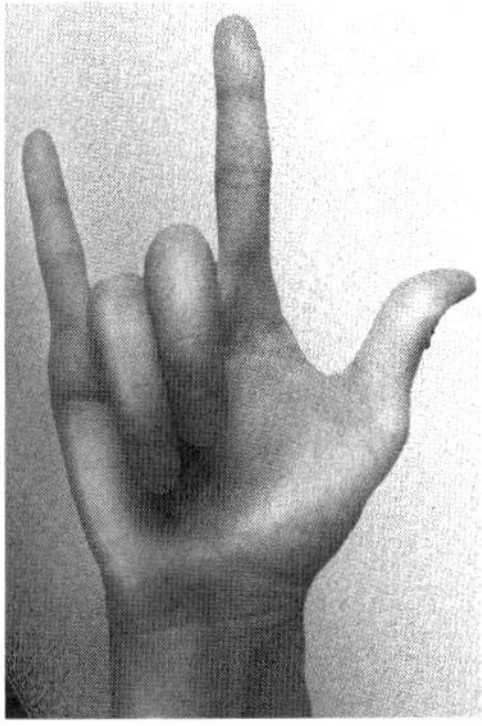

ンを持ち込んだ、という噂もある。

ちなみに、海外では仏教がコルナサインの発祥だと考える人もいるようだ。仏像の中には確かにコルナサインをしているものもある。しかし仏教におけるコルナサインは、ブッダが否定的な考え方や悪魔の存在など、負のエネルギーを追い払うための「カラナムードラ」というハンドサインだったと伝えられている。

ちなみにコルナサインをまったく別の意味で使っている地域もあり、ドミニカ共和国では超自然的な保護を呼び起こすことを目的とするサイン、イスラエルではカタツムリを意味するといわれる。

さまざまな都市伝説がつきまとうコルナサインだが、悪魔崇拝者がなぜコルナサインを使うのか、その理由は解明されていない。

キリンの考察

わずか9年の活動で世界に影響力を持った秘密とは

この本の読者はもれなく僕が創設した「秘密結社ヤルミナティー」の一員だと思うので、イルミナティのことを知らない人も多いかもしれません。そんな本末転倒な方々のために、少し説明しておきましょう。イルミナティは当時修道士で大学教授でもあったヴァイスハウプトと学生による、キリスト教に代わる自由思想や理性宗教の普及を図るサークルのようなものでしたが、後にフリーメイソンに受け入れられたことから急成長を遂げたとされています。しかしそのことがキッカケとなって迫害されて、１７８５年に解散。わずか9年間の活動となりました。

これほど短期間の活動だったにもかかわらず、未だに陰謀論が囁かれているのは、**やはりフリーメーソンが受け入れたからなのでしょうか？**

僕はイルミナティ陰謀論を全面否定しているわけではないですが、コルナサイン＝悪魔崇拝が真実ならば、世の中はすごいことになってしまうだろうと懸念しています。

例えば日本なら、キツネの影絵はほぼコルナサインみたいな形です。みなさん幼い頃に一度はやったことがあると思うので、そうすると**日本人のほとんどが悪魔崇拝者ということになってしまいます**し、「コードギアス」とか「バジリスク」などの日本のアニメや漫画にも登場することも少なくないので、読んだ人もろとも悪魔崇拝者になってしまう可能性もあるわけです。スポーツ界で言うと、野球のツー・アウトもコルナサインだし、アメフトではセカンドダウンのサインもコルナサインなので、野球経験者とアメフト経験者も悪魔崇拝者という疑いが出てきてしまいます。そんなことってありますかね？（笑）

そもそもコルナサインは、「Gesto delle corna」というイタリア語が

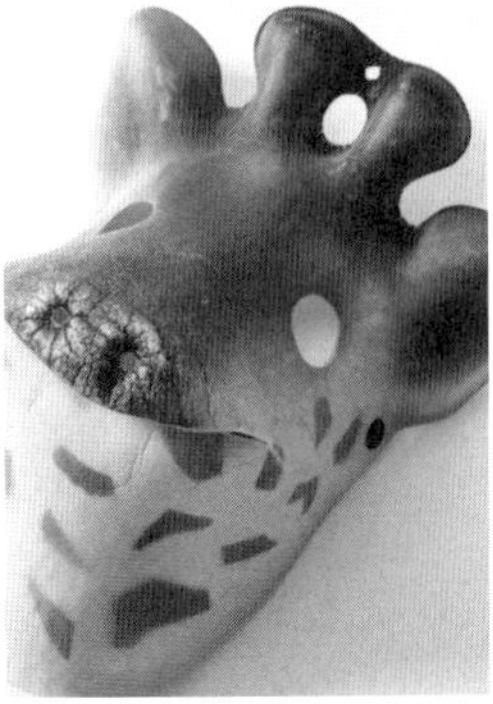

語源で、直訳すると「角の手振り」という意味を持っています。これは、古代ローマで使用されていた古典ラテン語の「コルヌータム」という言葉に由来していて、それには「光線で輝く」「光輪で包まれた」「角の生えた」という意味があり、それがラテン語から枝分かれしたイタリア語の「コルヌート」という単語となって、「角の生えた」という意味だけが残ったらしいです。

なので、コルナサインの人さし指と小指が「角」を意味しているのは正しいのですが、陰謀論に基づくと動物の角ではなく「悪魔の角」という見解に変化しているみたいです。

だとしたら、**僕のキリンの仮面についている2本の角も、ある意味コルナサイン**なのではないでしょうか。そうすると、僕自身もまた悪魔ってことになります。もう少し知名度を上げていったら、コルナサインを「キリン崇拝者」という意味に変えられるかもしれません！　そんな野望を胸に秘めつつ、これからも布教活動を頑張っていく所存です。

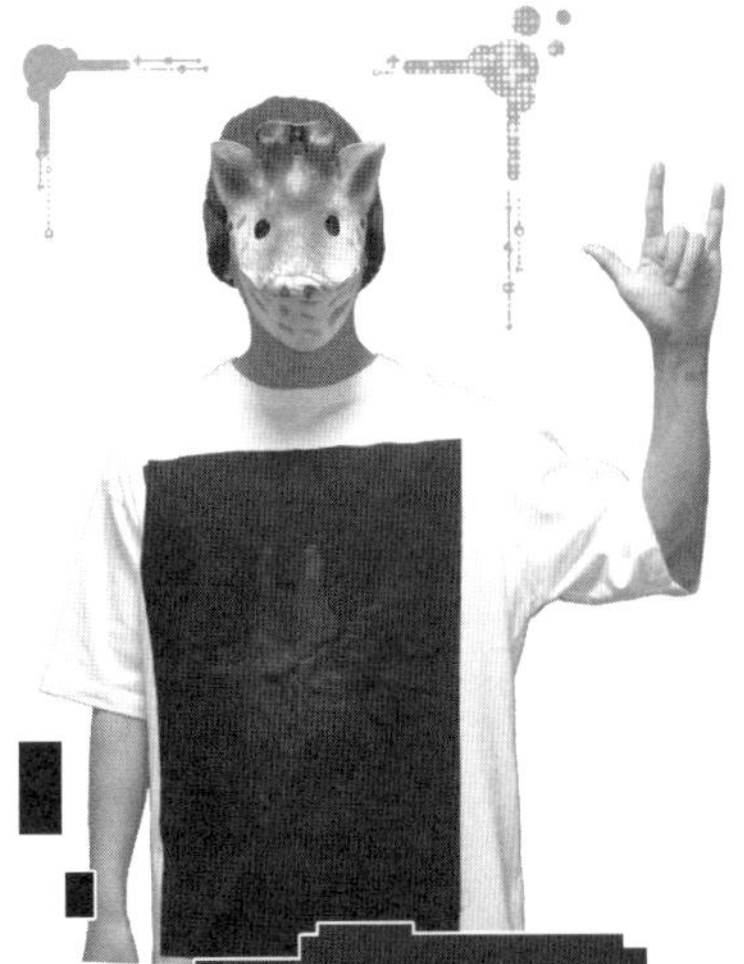

◎ イルミナティが未だに語り継がれているのは、フリーメイソンと融合したから
◎ キリンの仮面もコルナサイン！　いずれはイルミナティではなく僕のサインになります

キリン10の秘密

その9 【考察系】という肩書

この質問は、この本を執筆中だった2021年9月16日午前8時頃、ツイッターで僕への質問を募集し、その中から選んだものです。

本当は僕の趣味について書く予定でしたが、前述したとおり特筆できる趣味がないことに気づいたので急遽変更した次第です。

まあ、あえて言うならカラオケは昔から好きですね！　普通にヘタクソですが……と、趣味についてはこれくらいで終わってしまうのでどうしようもありませんでした。

余談はさておき、みなさんの中には、キリンはまったく考察しないのになぜ「考察系YouTuber」と名乗っているのだろう?と疑問に思っている方が1945人いるようです。

実はYouTubeを始めた当初、僕は有名YouTuberの炎上ネタや時事ネタを解説

する動画を投稿していました。当時は強烈なダメ出しや、時には誹謗中傷と言えるレベルの暴言を吐くなどして注目を集める「モノ申す系YouTuber」という過激なジャンルが盛り上がっていたからです。

なぜ僕がそんなジャンルを選んだのかというと、もともと過激なコンテンツが大好きで、事あるごとに炎上してしまうような過激なYouTuberたちが大好きで、その炎上ネタを取り上げる過激なモノ申す系YouTuberたちも大好きだったからです。我ながらゲスな趣味だなーとは思いますが（笑）。

ですが、他人を攻撃したいという思いがあったわけではないので、どちらかというと炎上に対する自分の考えをおフザケを入れながら茶化しつつ、冷静に伝えるといった動画内容でした。当時から大した考察をしていたわけではありませんが、「モノ申す系」というよりは「考察系」という表現のほうがしっくりくるなと思い、考察系と名乗った次第です。対外的にもソフトな肩書のほうが敵をつくりにくいという計算もありました。

その後は、時事ネタや炎上ネタについて真剣に考察・推理している風に見せて最後はアナグラムを使ってとんでもない結論に行きつくという「こじつけ考察」をやっていた時期もあります。こじつけ考察は、こじつけを思いつかなければ動画を出すことができないので、毎回何時間も考えていましたが、それが一番楽しい時間だったかもしれません。

つまり【考察系】とは、過去のスタイルの名残でしかなく、はっきり言って現在はまったく考察などしてません！　僕はただの「紹介系YouTuber」なのです。

その10　これからの夢

かつての僕の夢は、1作目の著書『この世の闇大全』でもお伝えしたとおり、YouTubeのチャンネル登録者数10万人でした。10万人というのは、YouTube活動のみで生活していくために必要な登録者数という意味です。

前作では恥ずかしくてあえて書かなかったのですが、10万人を達成した日の朝、当時たしか家賃3万5000円くらいのワンルームに住んでいた僕は、自分へのご褒美として外食で好きなだけ注文しようと思い、ボロボロの原付を走らせて近所のラーメン屋へ向かいました。その道すがら、これまでの度重なる人生での失敗が走馬灯のように思い出され、初めて夢が叶えられた喜びと重なって、泣きながら運転していたことを今でも覚えています。その後、YouTubeの登録者数は100万人を突破し、憧れていた東京に引っ越したり、アパレルの仕事を始めたりなど節目はいくつかあったものの、「登録者数10万人達成」に匹敵するような、夢と呼べるほどのロマン溢れる壮大で明確な目標は見つかっていません。

ですが、これからやっていきたいことはいくつもあります！

まずはチャンネル登録者200万人の達成です。これは正直なところ何か意味があるというわけではなく、毎日のYouTube活動のモチベーションになるからです。それに将来、万が一孫ができたときに自慢するための目標というくらいの位置づけです。

少し前に「ハイネック【紹介系YouTuber】」というチャンネルのプロデュースも始めました。猿の仮面のハイネックさんはもともと僕が底辺YouTuberだった頃の底辺友達なのですが、努力家で笑いのセンスがあるので、ハイネックチャンネルも大きくしていってより多くの人にハイネックさんの面白さを広めていきたいと考えています。面白いのでぜひYouTubeで「ハイネック」と検索して動画を見てみてください!

アパレルブランド「KILMINA」は、YouTuberのグッズとしてではなく、ファッションブランドとして評価されるように成長させていきたいです。

他にもゲーム制作や音楽活動、キリンという名前に依存しないビジネスにも挑戦したいです。ですが、何より大事なのは視聴者のみなさんに楽しんでもらえる動画を提供し続け、みんなのエロ本であり続けることだと思っているので、そこはブレずに活動していきたいと思っています。

あとがき

はい、ということで賢者タイムなんですけど、普段やり慣れていない考察をしまくったせいか、いつもよりガッツリめの賢者タイムが押し寄せてきています。

人は想像力豊かな生き物です。一説には、今から約7万年前に脳の前頭前野に突然変異が起きた個体が現れたことで、人類は飛躍的な想像力の発展を遂げ、そこから洞窟壁画や住居の建設などの文化的創造性が誕生したそうです。ですが、それは同時に未知の存在や不明な物事に対する新たな不安や恐怖が生まれたことを意味するのかもしれません。

人は種の保存のため、本能的に死に直結する危険を回避しなければならないことからも、我々が「危険」を連想してしまうような闇が深い事件や事象、噂話、ネガティブな話題に思わず興味をそそられ、考察を巡らせては得体の知れない不気味さにおびえながらもなお惹かれてしまうのは、ある意味自然なことと言えるでしょう。

コラムでは自分の性格を語るパートで、コンプレックス発表会のようになってしまい……お恥ずかしい限りです。でもこのような「自信のなさ」も含めて僕の性格なんです。

ニューハーフヘルスの話は実話なので、もしかするとこの体験がなければ下ネタYouTuberキリンは生まれてなかったかもしれません。知らんけど。

童貞の話については「童貞＝ファンタジー」というキリンチャンネルの絶対的世界観

があるのでああいう形になってしまいました。

最後の「夢」についてのコラムでは、少し歯切れの悪い内容になってしまっております。ですが、現状は明確な夢を持っていないというのがリアルなところです。これまでの僕は、生きる上でわりかし明確で壮大なロマンある目標を持っていた時期が長かった気がします。ですが冷静に振り返ってみると、これまでの目標の源泉はマズローで言うところの「欠乏欲求」、中でも特に安全欲求からきている部分が大きかった気がします。要するに、安全に生きていけるか不安なので、その不安を解消するための目標だった、ということです。

ですが、これから僕は次のステージに進むべきだと考えています。それは自分の理想や目的を実現するため、自己実現のために活動することです。今はまだ模索中ですが、もし次の書籍が出るならば、この話の続きができるかもしれません。最後までお付き合いをいただき、ありがとうございました。

キリン

キリン

YouTuber。2017年5月、YouTubeチャンネル「キリン【考察系YouTuber】」を始動。キリンのマスクを被り、都市伝説やホラー系・サブカルチャー系のネタを独自の口調で語る動画が人気を呼び、2021年10月現在でチャンネル登録者数が184万人超となる。株式会社Plottとの合同チャンネル「秘密結社ヤルミナティー」のほか、オリジナルアパレルブランド「KILMINA」を展開中
ツイッター：キリン【考察系YouTuber】@kirinyoutuber

DTP制作　株式会社スタジオダンク
イラスト　村田らむ（@rumrumrumrum）／ヒールちゃん（@heelhell）
撮影　山川修二（扶桑社）
校正　株式会社聚珍社
編集協力　和場まさみ
編集　安英玉（扶桑社）

この世の闇大全　閲覧注意の考察編
～闇が深すぎる事件の真相～

発行日　2021年10月31日　初版第1刷発行

著者　キリン

発行者　久保田榮一

発行　株式会社 扶桑社
〒105-8070
東京都港区芝浦1-1-1　浜松町ビルディング
03-6368-8875（編集）
03-6368-8891（郵便室）
www.fusosha.co.jp

印刷・製本　サンケイ総合印刷株式会社

ISBN 978-4-594-08955-9